novas buscas
em educação

VOL. 6

Dados Internacionais de Catalogação na Publicação (CIP)
(Câmara Brasileira do Livro, SP, Brasil)

Eco, Umberto, 1932-
E22m   Mentiras que parecem verdades / Umberto Eco, Marisa Bonazzi [tradução Giacomina Faldini; direção da coleção Fanny Abramovich]. – São Paulo : Summus, 1980. (Novas buscas em educação; v. 6)

Título original: I pampini bugiardi.
Bibliografia.
ISBN 85-323-0117-7

1. Livros didáticos – Influências tendenciosas 2. Livros didáticos – Itália I. Bonazzi, Marisa II. Título.

80-0787

CDD-371.32
-371.320945

Índices para catálogo sistemático:

1. Itália : Livros didáticos : Crítica : Educação   371.320945
2. Itália : Textos didáticos : Crítica : Educação   371.320945
3. Livros didáticos : Ideologia : Educação   371.32
4. Textos didáticos : Ideologia : Educação   371.32

Compre em lugar de fotocopiar.
Cada real que você dá por um livro recompensa seus autores
e os convida a produzir mais sobre o tema;
incentiva seus editores a encomendar, traduzir e publicar
outras obras sobre o assunto;
e paga aos livreiros por estocar e levar até você livros
para a sua informação e o seu entretenimento.
Cada real que você dá pela fotocópia não autorizada de um livro
financia um crime
e ajuda a matar a produção intelectual em todo o mundo.

Mentiras que parecem verdades

Marisa Bonazzi
Umberto Eco

summus
editorial

Do original em língua italiana
I PAMPINI BUGIARDI
Indagine sui libri al di sopra di ogni sospetto:
I testi delle scuole elementari
Copyright © 1972 by Guaraldi Editore S.p.A.
Direitos desta tradução adquiridos por Summus Editorial

Tradução: **Giacomina Faldini**
Capa: **Edith Derdyk**
Direção da coleção: **Fanny Abramovich**

Summus Editorial
Departamento editorial:
Rua Itapicuru, 613 – 7º andar
05006-000 – São Paulo – SP
Fone: (11) 3872-3322
Fax: (11) 3872-7476
http://www.summus.com.br
e-mail: summus@summus.com.br

Atendimento ao consumidor:
Summus Editorial
Fone: (11) 3865-9890

Vendas por atacado:
Fone: (11) 3873-8638
Fax: (11) 3873-7085
e-mail: vendas@summus.com.br

Impresso no Brasil

NOVAS BUSCAS EM EDUCAÇÃO

Esta coleção está preocupada fundamentalmente com um aluno vivo, inquieto e participante; com um professor que não tema suas próprias dúvidas; e com uma escola aberta, viva, posta no mundo e ciente de que estamos chegando ao século XXI.

Neste sentido, é preciso repensar o processo educacional. É preciso preparar a pessoa para a vida e não para o mero acúmulo de informações.

A postura acadêmica do professor não está garantindo maior mobilidade à agilidade do aluno (tenha ele a idade que tiver). Assim, é preciso trabalhar o aluno como uma pessoa inteira, com sua afetividade, suas percepções, sua expressão, seus sentidos, sua crítica, sua criatividade...

Algo deve ser feito para que o aluno possa ampliar seus referenciais do mundo e trabalhar, simultaneamente, com todas as linguagens (escrita, sonora, dramática, cinematográfica, corporal, etc.).

A derrubada dos muros da escola poderá integrar a educação ao espaço vivificante do mundo e ajudará o aluno a construir sua própria visão do universo.

É fundamental que se questione mais sobre educação. Para isto, deve-se estar mais aberto, mais inquieto, mais vivo, mais poroso, mais ligado, refletindo sobre o nosso cotidiano pedagógico e se perguntando sobre o seu futuro.

É necessário nos instrumentarmos com os processos vividos pelos outros educadores como contraponto aos nossos, tomarmos contato com experiências mais antigas mas que permanecem inquietantes, pesquisarmos o que vem se propondo em termos de educação (dentro e fora da escola) no Brasil e no mundo.

A coleção *Novas Buscas em Educação* pretende ajudar a repensar velhos problemas ou novas dúvidas, que coloquem num outro prisma, preocupações irresolvidas de todos aqueles envolvidos em educação: pais, educadores, estudantes, comunicadores, psicólogos, fonoaudiólogos, assistentes sociais e, sobretudo, professores... Pretende servir a todos aqueles que saibam que o único compromisso do educador é com a dinâmica e que uma postura estática é a garantia do não-crescimento daquele a quem se propõe educar.

ÍNDICE

APRESENTAÇÃO DA EDIÇÃO BRASILEIRA 9

INTRODUÇÃO 15

OS POBRES 21

O TRABALHO 29

O HERÓI E A PÁTRIA 41

A ESCOLA, UMA PEQUENA IGREJA 49

RAÇAS E POVOS DA TERRA 53

A BELA FAMÍLIA ITALIANA 61

A AUSÊNCIA DE DEUS 69

A EDUCAÇÃO CÍVICA 77

OS MENORES QUE TRABALHAM 87

A HISTÓRIA NACIONAL 91

A NOSSA BELA LÍNGUA 103

A CIÊNCIA E A TÉCNICA 113

O DINHEIRO 121

A CARIDADE E A PREVIDÊNCIA SOCIAL 127

NOTAS 132

ELENCO DE SIGLAS E TÍTULOS CORRESPONDENTES 133

APRESENTAÇÃO DA EDIÇÃO BRASILEIRA

Umberto Eco, nome bastante íntimo dos leitores brasileiros, com o presente livro dá seqüência a seu projeto de pesquisa semiótica, escolhendo agora um outro objeto de análise — o manual escolar — e comparecendo com sua co-autora, Mariza Bonazzi.

Sabemos, desde a *Obra Aberta* até as obras posteriores, da repulsa de Eco a uma forma definitiva, única. Em a *Obra Aberta*, uma história das poéticas, analisa a pluralidade dos significados num mesmo significante; em *As Formas do Conteúdo*, postula as formas e rejeita a Forma; em *A Estrutura Ausente*, afirma as estruturas e nega a Estrutura. Sob essa visão, é lúcida sua análise ao mostrar que perante os códigos em crise criamos novas possibilidades de comunicação, criatividade antes fundada na admissão de que todo código é em si mesmo contraditório.

De resto, em seu literal "horror" à Forma definitiva mostra-se aberto, como quando supera a falsa oposição entre a agonia dos apocalípticos e a euforia dos integrados, acolhendo em seus ensaios os processos e produtos de nossa cultura contemporânea. Assim analisa os quadrinhos, a televisão, a mensagem publicitária, as canções populares, a literatura de folhetim, objetos arquitetônicos e outras mensagens de uma história presente.

Embora suas análises tenham-se realizado sob polêmicas e provocado outras tantas, o discurso de seus ensaios se não chega a ser sereno, oferece-se equilibrado dentro de uma reflexão que tende a um pensamento filosófico. Veremos porém, que, em *Mentiras que parecem verdades*, se Umberto Eco não perde o equilíbrio de seu discurso — juntamente com Mariza Bonazzi — parece ter perdido a paciência, indignando-se ambos com o objeto da análise: o livro didático. O livro didático é uma dose muito pesada para quem não se submete à Ordem, à Forma, ao Conteúdo, à Estrutura e a todas as manifestações de um mesmo modo de constituir e ver os discursos humanos. Para quem, face a esses discursos, prefere a discussão à lição.

Mentiras que parecem verdades reúne textos de manuais italianos, sobretudo de iniciação em leitura, constituindo-se numa antologia de

9

antologias. Não se trata, porém, de uma "nova" seleta igual às antigas, mas de uma réplica no duplo sentido da palavra: imitação e contestação. A imitação observável na montagem da obra não reverencia os modelos originais, levando antes à leitura risível de uma paródia, denunciando as "imbecilidades solenes" que nos inculcaram nas escolas, abusando da ingenuidade do leitor infantil. Sob esse aspecto, ao leitor brasileiro não será difícil associar aos textos italianos as imbecilidades escolares nacionais. Somos pródigos em nosso Festival das Besteiras que Assola o País — FEBEAPÁ — inteligente invenção de Sérgio Porto. Aliás, o próprio "Samba do Crioulo Doido", do cronista carioca, é uma paródia antológica, fazendo a colagem delirante de conhecimentos escolares mal digeridos por serem antes de mais nada indigestos e fragmentários em si.

Numa outra leitura, percebe-se a réplica-contestação: após ou durante o riso, *Mentiras que parecem verdades* provoca uma crise, dando-nos uma imediata consciência crítica dos perigos do ilusionismo didático. Sem os aparatos de certas análises de ideologia, dispensáveis até pela demonstratividade da obra, mostra-nos como somos educados para o silêncio, para consentir na espoliação e nos submetermos à eterna forma opressiva de uma mesma ordem, disciplinados desde as carteiras escolares. Também nessa denunciação será imediata a associação dos textos italianos com os congêneres brasileiros e, supomos, até mais dolorosa a nossa leitura.

Em suma, à medida em que o riso se converte em raiva, na descoberta do logro, a imitação antológica permite a contestação do manual escolar.

Sendo uma obra pioneira, já tendo servido a factícios — "produtos similares" — este modelo crítico denuncia, constituindo-se dentro do modelo denunciado e de modo abrangente para os livros didáticos italianos. Mas ultrapassa suas pretensões por servir, também, à crítica de textos antológicos fora do contexto em que inicialmente se circunscreveu. Vem daí sua grande relevância para nós, incitar à crítica do livro didático, pois os privilégios e perigos indicados por Eco em sua introdução, referentes a tais livros na Itália, não são diferentes daqueles gozados no Brasil.

No Brasil, necessitamos de uma crítica criteriosa e constante a todos os livros didáticos, ainda que — suspeitosamente — eu tenha a esperança, talvez ilusória também, de que se criem algumas obras que procurem novas formas de se informar e auxiliar na formação de nossos estudantes e que nessa pretensão agravam-se de maior necessidade de crítica. Contudo, são também obras substituíveis por bibliotecas escolares como propõem Eco e Bonazzi. Ou então, por uma seleção de textos verbais e não verbais, organizada por professores e alunos dentro dos recursos disponíveis de cada escola e adequada a repertórios específicos — como propomos nós — mesmo antes do sonho das escolas brasileiras terem um dia as suas bibliotecas.

10

Por enquanto, a grande maioria de nossos livros didáticos (e não apenas as antologias e obras de determinadas disciplinas) reproduz um único modelo conservador e se enforma na fidelidade a seu desejo secreto: conservar o mesmo discurso, circulando sempre os eternos mitos.

Mitos que falam de um país tropical, rico e exuberante, habitado por uma gente cordial, virtuosa em sua pobreza e conformada no trabalho escravo. Mitos que são lidos pelas crianças em manuais de catequese atuais, mas que são a releitura de um antigo testamento escolar, infelizmente inesquecível.

•

De repente, na leitura da edição brasileira de *Mentiras que parecem verdades* veio-me à lembrança um menino de sete anos, recitando em uma escola rural paulista:

> *"O amarelo representa o ouro.*
> *O azul a cor de anil.*
> *O verde as imensas matas.*
> *Do nosso querido Brasil."*

Seria assim mesmo a estrofe? Para uma péssima memória como a minha, a lembrança, ainda que tênue, desses versos só se explica por terem sido na leitura infantil, guardados de coração. Decorávamos poemas cívicos que moviam a nossa imaginação, criando a imagem de um país colorido como sua bandeira, imenso e rico, vegetal e nosso. Do ufanismo de Afonso Celso até os poemas selecionados de Bilac, diziam-nos:

> *"Criança! não verás país nenhum como este:*
> *Imita, na grandeza, a terra em que nasceste!"*

Hoje, tais versos só resistem a uma leitura irônica. Haverá um outro país onde assim se devastam matas, vendem-se florestas, poluem o céu e entregam o solo e o sub-solo à pilhagem?

Mas era outra a leitura escolar, preparada para nos iludir.

Aprendíamos a grandeza da Pátria só comparável às imagens hiperbólicas dos heróis de nossa história monumental, que morriam pelo Brasil. Fora dessa estória, morria-se como hoje, de fome, subnutrição, malária e de um modo geral e severino de pobreza. Mas o ilusionismo didático mostrava a pobreza como um privilégio, purificando no sofrimento do corpo as riquezas da alma. De resto, se a gente era pobre, o país era grande e rico, diziam os livros.

Otimizados em "ritmo de Brasil grande" — e vejam como é paupérrima certa imaginação criadora para atualizar as mentiras — mantinham-nos na crença de que a pobreza do povo era compensada pelo cenário exuberante da natureza. Mais do que a pobreza européia — uma dádiva divina — a nossa, não só era abençoada por Deus, mas recompensada por uma natureza fértil e florida: tropical. "Tristes trópicos", leríamos depois.

Os florilégios, como se chamavam as antigas antologias, mostravam que o brasileiro, antes de tudo um forte, era o encontro feliz de três raças, compondo uma etnia cordial e generosa na união de um canto de guerra tamoio com a abnegação de pretos escravos e a inteligência superior de brancos europeus. Quem poderia resistir à nossa força? Nem os vis aimorés, nem os paraguaios, nem o mundo.

Os problemas da nação eram todos passageiros, desde que essa raça forte de um país rico, acreditasse no futuro: o Brasil era (continua a ser) um país do futuro. Contudo, o futuro prometido é uma conquista e aprendíamos a mística do trabalho como uma condição de chegar lá. O trabalho, além do mais ou antes de tudo, era prescrito como uma virtude moral. Continua a ser, segundo lemos em manual bem recente e que oferece essa "singeleza" para a leitura das classes:

"A UM PEQUENO OPERÁRIO

Ama o trabalho — a oficina
onde, entre amigos leais,
vais cumprindo a tua sina,
com a tua mão pequenina
polindo tábuas, metais.

Maneja a plaina, o martelo,
cheio de crença e vigor!
És o operário singelo
cujo esforço é sempre belo,
cuja riqueza é o labor.

Bendita seja a energia
que palpita em tua mão!
Quem no trabalho porfia,
com o trabalho, dia a dia,
torna mais forte a Nação."

(Correa Júnior)

Nesse roteiro árduo de pobreza resignada e amor ao trabalho não estávamos, porém, desamparados dentro do projeto escolar. Desde as cartilhas — em que o "bebê baba" em tudo, "na bala, na bola, no bolo, no bule...", como um imbecil, já surgiam caminhos suavizados pelo anjo da guarda, pelos pais e pela presença medianeira e missionária das professoras.

Basta reler as cartilhas para ver que, enquanto Lalá corre atrás de Lelé, Xerxes joga xadrez, Zeca toca zabumba — introdução ao surrealismo — a professora sorri. Seu rosto afável esconde o salário da fome e a submissão ideológico-curricular. De resto, professores, metalúrgicos e outros trabalhadores não entram em greve nas cartilhas. Só nos jornais. E os jornais não entram nas leituras das classes escolares.

Se nessas leituras de engodo surgissem conflitos decorrentes de um confronto com a realidade tangível, subvertendo as idéias infantis, haveria textos para convertê-las em disciplina e silêncio. Mesmo porque, nos livros didáticos, crianças não têm conflito, não brigam, não têm "maus pensamentos-palavras-e-obras". As personagens dos textos, quando crianças, são incapazes de imaginar ou de ter a mínima curiosidade. A não ser, é claro, em casos excepcionais como no sacralmente antológico "Plebiscito" de Artur Azevedo em que um menino pergunta:

"— Papai, o que quer dizer plebiscito?"

Pergunta essa de resto irrelevante, mais usada nas antologias para mostrar a importância de consultas ao dicionário que à vontade popular.

Seria exaustivo continuar nessa lembrança dos livros escolares antigos e dos atuais que se increvem nessa mesma antigüidade. Cada leitor fará emergir na leitura de *Mentiras que parecem verdades* seu repertório de logros e enganos patrocinados pela escola a serviço de suas agências de manutenção.

Samir Curi Meserani

INTRODUÇÃO

No limiar de sua vida cultural, iniciando a experiência difícil e exaltante da leitura, nossos filhos devem enfrentar os livros didáticos das escolas elementares. Educados nós mesmos com livros muito parecidos com os atuais, com a memória ainda cheia de recordações que são, necessariamente, queridas e repletas de ternura, ligadas às ilustrações e às frases daquelas páginas, é-nos difícil instaurar um processo contra o livro de leitura. E isto nos é difícil porque, provavelmente, muitas das nossas cãibras morais e intelectuais, muitas das nossas idéias correntes mais contorcidas e banais (e difíceis de morrer) nascem justamente dessa fonte. Portanto, a confiança que temos, instintivamente, no livro de leitura, não é devida aos méritos deste último, mas às nossas fraquezas, que os livros de leitura criaram e alimentaram.

Fazer um processo contra o livro de leitura implica num esforço de alheamento: é preciso que leiamos e releiamos uma página na qual estão difundidas idéias que costumamos considerar "normais" e "boas" e que nos perguntemos a nós mesmos: "Mas será mesmo assim?" De tal forma estamos condicionados pelos nossos antigos livros de leitura, que ler os novos significa ter a capacidade e a coragem de dizer: "O rei está nu". Um ato de clarividência que, contrariamente à estória de Andersen, a criança não pode fazer. Portanto, caberá a nós fazê-lo.

A antologia que propomos parece feita de propósito para colocar o leitor em dificuldade. Tomados um a um, os capítulos, que procuram condensar a quintessência do ensinamento propalado pelos livros didático, de leitura, parecem representar os itens indiscutíveis de uma educação inspirada nos Princípios Fundamentais Mais Respeitáveis.

Os livros de leitura falam dos pobres, do trabalho, dos heróis e da Pátria, da importância e da seriedade da escola, da variedade das raças e povos que habitam a terra, da família, da religião, da vida cívica, da história humana, da língua italiana, da ciência, da técnica, do dinheiro e da caridade. Não se referem, então, aos problemas reais que o jovem, uma vez maduro, deverá enfrentar e sobre os quais deverá tomar uma atitude?

Esta antologia, ao contrário, com a simples evidência da citação comentada de forma ligeira (e, no máximo, introduzida por um título malicioso e, justamente, "crítico"), esta antologia procura mostrar que estes problemas são apresentados de uma maneira falsa, grotesca, risível... Que, através deles, a criança é educada para uma realidade inexistente... Que, quando os problemas (e a resposta a eles fornecida) dizem respeito à vida real, são colocados e resolvidos de forma a educar um pequeno escravo, preparado para aceitar o abuso, o sofrimento, a injustiça e para ficar satisfeito com isto. Enfim, os livros de leitura contam mentiras, educam os jovens para uma falsa realidade, enchem sua cabeça com lugares comuns, com coisas chãs, com atitudes não críticas. E, o que é pior, cumprem este trabalho de mistificação servindo-se dos mais reles clichês da pedagogia repressiva do século passado, por preguiça ou incapacidade dos seus compiladores. O que quero dizer é que a luta contra os livros didáticos das escolas elementares coloca-se antes mesmo de qualquer escolha ideológica que tenha um sentido no mundo em que vivemos atualmente. Essa luta pode ser sustentada pelo liberal, pelo democrata, pelo comunista e pelo social-democrata, pelo crente e pelo ateu, porque a realidade educativa que estes livros propõem existia antes do nascimento destas ideologias e destas correntes políticas, antes da Revolução Francesa, antes da Revolução Industrial, antes da revolução inglesa, antes da descoberta da América, antes — numa palavra — do nascimento do mundo moderno.

É claro que, uma vez dito isto, poderemos reconhecer, naqueles textos, o instrumento mais adequado de uma sociedade autoritária e repressiva, que tende a formar súditos, povo solitário, integrante de qualquer categoria, seres de uma única dimensão, mutantes regressivos pré-gutenberguianos... Estes livros são manuais para pequenos consumidores acríticos, para membros da maioria silenciosa, para seres indefinidos em miniatura, imitadores atrasados de De Amicis, que dão esmola a um pobre, mas que, com o sorriso nos lábios e a esmola na mão, deixam morrer de fome massas inteiras de trabalhadores.

Contudo, a maneira pela qual, através destas páginas, os pequenos e desgraçados súditos de uma impiedosa sociedade de exploração e de aproveitamento são formados, não corresponde ao sistema de mais longo alcance e de maior técnica, empregado pela nova e mais aguerrida sociedade neocapitalista. O modelo proposto é, ainda, um universo paleocapitalista, no qual o rico é o patrão ruim do "Conto de uma noite de Natal" e o pobre é Oliver Twist.

Por isso, a antologia foi intitulada de *Mentiras que Parecem Verdades*. A mistificação da realidade não é feita através de uma leitura, seja mesmo ideológica e falsamente otimista da sociedade industrial avançada, mas passando através dos restos rançosos de uma sociedade pré-industrial e agreste que não tem relação alguma com a vida moderna. Pâmpanos, trepadeiras, ranúnculos, aragens, casinhas pequeninas, anêmonas, pimpinelas, colibris, arados, milhos, masseiras, pechisbeques e bules: eis o universo lingüístico e imaginativo que é apresentado aos jovens como a "Realidade Contemporânea".

Ao tomarmos um desses livros na mão, pode acontecer que a constatação do que dissemos não seja imediata. Nem todos os trechos são ridículos da mesma forma e, a uma rápida leitura, algumas páginas até que poderão aparecer aceitáveis... Mas, somente lendo com atenção, relendo, relacionando as várias páginas, é que o desenho pedagógico arcaico e regressivo salta aos olhos; e é por isso que, com a presente antologia, procuramos acelerar o processo de conscientização do leitor pensativo, responsável e (esperamos) pai de um pequeno aluno. Como todas as antologias polêmicas, esta é, também, obviamente maliciosa, pedante, põe em evidência a frase incriminada entre outras dez... Alguém poderia objetar que o processo não faz justiça a muitos destes textos, cujos autores provavelmente se esforçaram por inserir trechos que julgavam "revolucionários", talvez arriscando, por parte dos mestres mais cautelosos, uma negativa. Ainda que isto acontecesse, é preciso lembrar que a criança não lê apenas esses trechos, mas lê o livro todo e o lê frase por frase e certas frases imprimem-se na sua mente com a nitidez das recordações indeléveis. E isto nós o sabemos muito bem por experiência própria, pois também nós temos nossas recordações dos dias de escola. Pensemos, então, por um momento, em um ser humano cujas recordações fundamentais sejam constituídas pelos ensinamentos reunidos nesta antologia, antologia que reflete, de forma absolutamente exata, graças à escolha de 82 trechos, o tom médio dos livros didáticos citados e da maioria dos livros não citados. De qualquer forma, pensamos que nenhum desses autores tentou renovar a prática educacional. Dois fatos militam em favor desta tese: em primeiro lugar, e, como será visto, cada texto segue os textos que o precederam e extrai deles os trechos e as frases que parecem ter sido canonizadas, passagens obrigatórias, entendidas como o máximo da produção pedagógica disponível. Em segundo lugar, podemos notar, consultando o índice final dos livros citados, que cada editor costuma publicar mais de um livro e que os mesmos autores fazem parte de coquetéis de diferentes colaborações, ou então assinam sozinhos um, dois ou três livros. Nenhum deles, portanto, parece ter dedicado uma vida inteira à criação do livro didático exemplar. Eles compilaram, simplesmente, para corresponder à demanda de um mercado próspero e produziram dois ou três textos, variando a oferta conforme a variação da procura. A base comercial destas compilações parece explicar, também, o enraizado conservadorismo, o delirante reacionarismo arcaico e a freqüente tendência fascista destas obras. É que, provavelmente, o compilador mantém sua atenção voltada não para o mercado das compras — que não está livre —, mas para o mercado das adoções e procura satisfazer os desejos da média dos mestres e dos orientadores didáticos. Constatação nada alegre, pois, se, de um lado, absolve (no plano intelectual, embora não no plano ético) os compiladores, condena a maioria dos nossos educadores.

Chegamos, então, à conclusão de que, para satisfazer a maioria, para não causar discórdias, para evitar suscetibilidades, para agradar a todos, procuram tais autores manter o livro didático ao nível do óbvio ululante, do corriqueiro, do acrítico, da imbecilidade respeitável. O resultado, independentemente das intenções dos compiladores (sobre as quais não queremos pronunciar outros juízos), o resultado objetivo, visível, é aquele apresentado por esta antologia, que tem, assim, uma única finalidade e uma única aspiração: que muitos a leiam e caçoem dela, como se se tratasse de um livro de bobagens inofensivas e que a mostrem aos amigos e a leiam em voz alta, à noite, em lugar de ver televisão. Contudo, se, por acaso, estes leitores forem pais, com filhos em idade escolar, que estes leitores entrem em crise, sejam sufocados pela indignação e comecem a controlar os textos escolares de seus filhos e os leiam com eles, forçando-os a criticá-los e a discuti-los com os seus colegas e com o seu professor. Desta forma, esperamos que a esquálida maldade perpetrada com os nossos filhos seja, dia após dia, colocada sob processo. E, talvez, algum dentre esses autores comece a sentir vergonha, se a amplitude dos seus interesses culturais lhes permitir chegar até este livro, ou àqueles que o lerão.

A aspiração máxima seria que *Mentiras que Parecem Verdades* se tornasse o único livro de texto adotado nas escolas. Desta forma, as crianças seriam educadas para reconhecer e julgar as mentiras que tentam incutir-lhes. Contudo, trata-se de um desejo paradoxal, porque a linha pedagógica mais sensata que parece hoje prevalecer, junto aos mestres mais responsáveis, é a de que *não se façam mais livros de texto*. O problema não é fazer livros de texto "melhores". O problema é fornecer aos alunos e aos professores bibliotecas escolares tão ricas e uma tal disponibilidade para a realidade (a realidade dos jornais, da vida de todos os dias) que a aquisição de noções verdadeiramente úteis se dê através da livre exploração do mundo, da leitura dos jornais, dos livros de aventuras (e, porque não, até das histórias em quadrinhos, lidas, criticadas em conjunto e não lidas de escondido e por desespero, uma vez que os livros oficiais de leitura são o que são), dos manifestos publicitários, da análise da vida cotidiana, fornecida pelos próprios alunos... Já estão aparecendo maravilhosos exemplos de livros de texto feitos pelas próprias crianças, que entrevistam as pessoas, procuram interpretar os acontecimentos mais importantes do dia, partem para a descoberta do mundo que as cerca, com papel, lápis, máquina fotográfica, gravador... Esta é a linha que foi sustentada também na Exposição de Reggio Emília, que deu a idéia para esta antologia.

Marisa Bonazzi, uma das organizadoras da exposição emiliana, ampliou sua pesquisa, a fim de fornecer um material mais amplo, indicado para formar a presente antologia. A exposição de Reggio Emília opunha a cada trecho incriminado uma espécie de contra-informação, com a finalidade de restabelecer a realidade dos fatos e evidenciar a mentira que, escondida pelos pâmpanos, corimbos e velhinhas simpáticas, era ministrada ao jovem.

Neste livro, ao contrário, reduzimos ao mínimo a parte de contestação ao texto. Exceto algumas anotações, alguns resumos interpretativos, quando o trecho era longo demais e exceto os títulos polêmicos, preferimos deixar ao leitor a liberdade e a responsabilidade de individuar a mistificação (aliás bem evidente) e extrair as suas próprias conclusões.

Hesitamos um pouco, antes de incorporar, nesta antologia, trechos escritos por autores insuspeitos (por exemplo, trechos de Ungaretti e Zola, como veremos). É claro que, no contexto da obra original, esses trechos tinham um significado diferente e não poderiam ser tema para indignação ou ironia. Mas acontece ao livro didático o que acontecia com Midas, que transformava em ouro tudo o que tocava. Somente que, neste caso, o material a que aludimos é menos nobre. Abstraídos do seu contexto original, em contacto com outras páginas de menor dignidade e maior estupidez, também os trechos dos grandes autores aparecem, aqui, como que falsificados e carregados de conotações deploráveis. Portanto, ao citá-los, procuramos estigmatizar quem os reuniu nesta discutível colagem e não o autor original.

Em outros casos, ao contrário, a insistência com a qual os compiladores recorrem a um determinado autor (é o caso típico de Renzo Pezzani, um crepuscular autor de segunda mão, que tinha muito sucesso nas paróquias mais subdesenvolvidas de antes da guerra), serve para demonstrar o teimoso e constante empenho reacionário com o qual certos intelectuais, ano após ano, procuraram envenenar a sensibilidade estática e as estruturas éticas do homem médio italiano.

Neste sentido, um discurso sobre a ideologia dos livros didáticos deveria ser transformado no processo contra uma parte mais ampla da cultura nacional. Mas nossa antologia não tem pretensões tão vastas. Saíram, recentemente, vários livros sobre a ideologia dos livros didáticos, da escola elementar e secundária, e muitos estudos estão sendo feitos, em várias universidades.

Umberto Eco

OS POBRES

No cosmos dos livros didáticos de leitura, o pobre é um fenômeno natural, como a chuva e o vento. Existe de per si, como os castores ou os pingüins. É uma raça. Não tem origens, não tem causas. Não tem nem mesmo esperança de redenção. Não há estórias de pobres que, por um golpe de sorte ou por capacidade pessoal, deixem de ser pobres. Também faltam pobres que encontrem um trabalho e deixem de ser o que são (existem os trabalhadores felizes, mas estes pertencem a uma outra espécie animal). Depois disso, poderíamos perguntar porque os livros didáticos são tão abundantes em pobres. Se estes livros obedecessem a uma ideologia, seja ela entre as mais conservadoras possíveis, o seu dever seria o de ocultar a existência da pobreza e demonstrar que em nossa sociedade os pobres não existem. Ao contrário, estes livros estão tomados pelo gosto quase mórbido da pobreza. Suas páginas, como um pátio dos milagres, são povoadas por mancos, velhos inválidos, crianças esfomeadas, doentes abandonados, escrofulosos, cegos, surdos-mudos, mendigos, vagabundos. É uma visão quase medieval, um pátio dos milagres, uma ópera dos três vinténs. Uma outra hipótese: os pobres apareceriam de forma tão freqüente como puro pretexto para estimular nas crianças o gosto pela caridade (v. este assunto, no final do livro). Mas não é assim. Na maior parte das vezes, o pobre aparece apenas para que seja afirmada, em altos brados, a sua condição privilegiada, a sua tranqüila felicidade, a sua vizinhança com Deus, o imenso prazer que ele tem com a sua "falsa" desventura. Estas páginas parecem dominadas pela necessidade obsessiva de demonstrar que a finalidade de toda sociedade feliz é a de produzir o maior número possível de pobres.

Na realidade, não se trata de um plano ideológico-pedagógico. Ao contrário, trata-se de uma sombria preguiça cultural que leva os autores a inspirarem-se nos mais gastos clichês do século passado sobre a pobreza, de ecos tardios de uma literatura popular, que viu Nos Mistérios de Paris a sua obra-prima e que encontra nestas páginas, dedicadas às crianças do século XX, imitadores degenerados.

OH, QUE FELICIDADE (AV5)

I poveri non hanno altro pane più dolce
che quello di volersi bene
e dirsi a vicenda le pene
che tàrlano i loro piccoli giorni.
Sono come le formiche di tutte le strade,
di tutte le case e le borgate
ed hanno per amico il sole.

. . .

Sono sempre nell'ultimo posto
e cenano al lume del tramonto,
si levano com l'alba e col gallo,
non sanno niente del mondo,
ma sanno ché più povero di loro ci fu
sopra la terra Gesù.

Os pobres não têm outro pão mais doce que o de querer-se bem e contar uns aos outros os sofrimentos que roem os seus curtos dias. São como as formigas de todos os caminhos, de todas as casas e de todas as vilas e têm o sol como amigo... Estão sempre em último lugar e jantam à luz do crepúsculo, levantam-se com a aurora e o galo, não conhecem nada do mundo, mas sabem que mais pobre do que eles, sobre a Terra, houve, um dia, Jesus.

A MISSÃO SOCIAL DO POBRE (LRE 3)

É a estória de um pobre que se preocupa porque vê sempre passar a rainha e não tem nada para dar de presente a ela. Mas, um dia, vai até o palácio e joga grãos de areia contra a janela real...

A rainha debruçou-se à janela, sonolenta:

— O que você quer de mim? Estava dormindo tão bem!

— Rainha, eu lhe trouxe de presente a aurora. Aurora tão bela como esta você não conhecia. Eis o que o pobre tem para dar.

Então, a rainha olhou o céu e disse:

— Ninguém teve a idéia de me dar tão lindo presente. O céu é branco como uma pomba. Oh, os pobres, quando dão, não são avarentos.

A DEMOCRACIA NO CEMITÉRIO (PM3)

In questi piccoli orti
di lattughe non ce n'è,
il poveretto dorme col re:
siamo uguali dopo morti.

. . .

Che sonno lungo, che sonno, la morte.
Ci si sveglia in paradiso.
Intanto il letto è stato diviso:
un poco al povero e un poco al re.

Nestas pequenas hortas
não há alfaces,
o pobre dorme com o rei:
somos todos iguais depois de mortos.

. . .

Que sono longo, que sono, a morte.
Acordamos no paraíso.
Enquanto isso a cama foi dividida:
um pouco para o pobre e um pouco para o rei.

A SORTE DOS POBRES
(SCIA 4)

Os ricos possuem muitas coisas para comer e podem viver no ócio. Isto provoca freqüentemente doenças que os pobres, graças a Deus, não conhecem. Há males que se escondem apenas nos pratos, nos copos, nas poltronas de seda e nas camas macias.

QUANDO OS POBRES GOZAM
(SCIA 4)

I mendicanti chiedono la carità
e godono il sole di maggio
lungo le case del villaggio,
vestiti di povertà.

Os mendigos pedem a caridade
e gozam o sol de maio
ao lado das casas de aldeia,
vestidos de pobreza.

LO SMEMORIATO DI COLLEGNO[1]*
(O DÉBIL MENTAL)
R. Pezzani (LIE 2)

Quando o mendigo percebeu que todos os homens e todas as coisas tinham um nome e ele não tinha, compreendeu que ele era infeliz e procurou escolher um nome para si mesmo. Mas nenhum combinava com ele.

(*) O leitor encontrará as notas ao final deste volume. (N. da Editora)

Um dia, foi beber num córrego.

Da outra margem, uma voz o chamou:

— Irmão, você tem um pedaço de pão?

Ele jogou um pão para a outra margem, depois, caminhando, repetiu consigo mesmo: "Irmão!"

Ele tinha, finalmente, encontrado seu nome!

A CASA FELIZ (PAE 3)

Rosa levanta-se todas as manhãs e trabalha como uma louca, cantando, cantando...

Com aquela mulher — as pessoas dizem — a casa pobre não é infeliz.

E PARA O JANTAR? (PAE 1)

— A caridade, pelo amor de Deus! — implora uma vozinha titubeante e envergonhada.

Franco se volta. Um menininho em farrapos e pálido, está estendendo a mão. Sem hesitar, Franco lhe dá o embrulho da sua merenda.

— Pega — diz ele. — Não tenho mais nada para te dar.

Depois, ficando vermelho, acrescenta:

— Gosto de você!

Os olhos do menino pobre se enchem de lágrimas. Freqüentemente dão-lhe esmolas, mas nunca ele sentiu tanta alegria e reconhecimento como dessa vez, porque, juntamente com o pão, ele recebeu um pouco de amor.

O PRÍNCIPE ESPERTO (PAE 1)

Um pastorzinho cuidava de suas ovelhas, cantando alegremente. Um dia, passou por aqueles lados o Pequeno Príncipe. Ele ouviu o alegre canto e disse: — Você está sempre alegre, pastor?

— Eu sou feliz, porque sou rico.

— É mesmo? E o que você possui? — perguntou o Pequeno Príncipe sorrindo.

— Tenho boa cabeça e dois braços fortes para trabalhar. Como com apetite, uso roupas simples, brinco com meus amigos e me divirto. Como você vê, possuo o tesouro mais precioso que existe: a saúde. Isto é suficiente para mim, sou feliz.

— Você tem razão — respondeu o Pequeno Príncipe. — Com você, hoje, aprendi uma grande verdade. Eu lhe agradeço. Já que você é um pastorzinho tão sábio, virei freqüentemente fazer visitas e você será meu amigo.

PRESO IN CASTAGNA[2] (MN 3)

Pelo caminho, encontra um velhinho que, cheio de frio, está comendo um pedaço de pão. Perto dele, uma mulher vende castanhas assadas. Mário apressa-se em comprar um pouco das castanhas, com cem liras que achou no bolso e coloca-as nas mãos trêmulas do velhinho. O pobrezinho é surdo-mudo, não pode agradecer, mas seus olhos exprimem toda a alegria que tem dentro do coração.

COMO ELIMINAR OS POBRES (MN 3)

São Francisco encontra um leproso, dá-lhe uma esmola e depois continua seu caminho. De repente, volta para trás e beija-o sobre as feridas, dizendo-lhe "Irmão!"

O pobre agradeceu-lhe com um sorriso luminoso. O cavaleiro montou novamente seu cavalo e partiu com o coração mais alegre. Pouco depois, virou-se para acenar com a mão ao leproso: este não estava mais lá. Em seu lugar, havia desabrochado uma rosa.

UTILIDADE DO POBRE (NR 3)

Dois amigos encontram um pobre e um deles dá-lhe uma esmola e depois lhe diz "Obrigado, meu amigo".

O outro admirou-se muito com a frase pronunciada e exclamou:
— Acho que está exagerando! Além de dar-lhe uma esmola, você ainda lhe agradece?
— É isso mesmo. Não acha que eu deveria agradecer quem me propiciou a ocasião de praticar uma boa ação?

PAZ E BRASA (NR 3)

— E doman come farai?
— Se il Signor pensa agli uccelli,
può scordare i miei fratelli?
Non ci vuole molta brace
per scaldar la nostra pace.

E amanhã, como farás? Se o Senhor pensa nos pássaros, como poderá esquecer meus irmãos? Não é necessária muita brasa para esquentar a nossa paz.

UM OUTRO DÉBIL MENTAL   R. Pezzani (PM 3)

Quando o mendigo percebeu que todos os homens e todas as coisas tinham um nome e ele não tinha, compreendeu que era infeliz e procurou escolher um nome para si mesmo. Mas nenhum combinava com ele.

Um dia, foi beber num córrego. Da outra margem, uma voz o chamou:

— Irmão, tem um pedaço de pão?

Ele jogou um pão para a outra margem, depois, caminhando, repetiu consigo mesmo aquele nome: Irmão!

Quando apareceram as estrelas e as luzes brilharam através das janelas das casas, ele bateu a uma porta.

— Quem é? — perguntaram. Respondeu: — O irmão. — E a porta se abriu. Ele tinha encontrado finalmente o seu nome.

O POBRE MAU   (NR 4)

Um homem rico vê um camponês que trabalha o campo, no domingo, enquanto "pela estrada, as pessoas, com roupas de festa, passavam e o olhavam com compaixão e amargura, ao mesmo tempo". Então, o homem rico contou-lhe um apólogo: Um homem doa seis moedas, das sete que tinha, a um pobre e este rouba-lhe a sétima. O camponês comenta laconicamente a ação do pobre ladrão, cuja estória lhe foi contada.

— E teria razão — continua o homem rico —, porém, veja que você mesmo se julgou. Você, como o mendigo, não possui nada, nem mesmo um instante da sua vida. Deus deu-lhe seis dias para trabalhar e você está roubando-Lhe o sétimo.

OS POBRES AJUDAM OS POBRES   (NR 4)

Velhinha sem recursos compra um pingo de óleo que irá servir-lhe para a semana toda. Contudo, percebendo, dentro da igreja, a lâmpada votiva que está quase apagada, despeja o seu óleo, para acendê-la novamente e vai para casa toda feliz. Uma vizinha pobre a observa e, mais tarde, coloca à sua porta uma garrafa inteira de azeite. A estória não explica porque a vizinha, já que seus recursos "oleosos" eram tão grandes, não cuidou ela mesma da lâmpada da igreja.

**OUTRO PRÍNCIPE ESPERTO
(E SÁDICO)**   M. Reynaudo (SCIA 5)

Príncipe encontra pobre que pede seja feita caridade a irmão. Príncipe afirma não ter irmão pobre e mendigo lembra-lhe serem irmãos em Cristo. Príncipe comovido dá esmola. Cena repete-se por dez dias, sem que o príncipe compreenda lição e toda vez cai na armadilha. No décimo dia, príncipe veste-se de pobre e pede caridade mendigo, o qual, com óbvio egoísmo de indigente, afirma não ter irmãos. Príncipe, então, teatralmente, revela-se sob disfarce, dizendo "Ah, ah! Você só é irmão de príncipes!" e pega de volta moedas de ouro.

OS RICOS TÊM SEMPRE O MELHOR LUGAR

P. Reynaudo (SCIA 5)

Milionésima variação a respeito de pobre que vai para o paraíso e que é admitido. Chega o rico que praticou a caridade. A lógica mandaria que o rico fosse expulso, contudo é enviado para o confortável edifício chamado "Recanto dos orgulhosos".

O MENINO RICO INFELIZ

(NR 4)

Ricardo jogou longe o livro que estava lendo. Aborrecia-se, embora tivesse muitas coisas bonitas. Morava numa casa luxuosa, possuía uma infinidade de brinquedos caros, mas não conseguia fazer um amigo. Seus colegas aceitavam uma vez, apenas, seus convites, porém não voltavam mais.

Um dia, Ricardo é convidado por um menino pobre.

— Mamãe, trouxe um amigo.
— Seja bem-vindo, querido!
Enquanto isso, Ricardo olhava ao seu redor. Nunca tinha visto a pobreza de perto. Não sabia que as pessoas pudessem viver assim, naquele quarto escuro, entre móveis capengas. Apesar disso, Nando era alegre como um passarinho e sua mãe era sorridente e gentil.

A GRAMÁTICA TAMBÉM SERVE

(NOI, NE 5)

O trecho seguinte é usado para um exercício gramatical: "Indique os modos e o tempo da voz verbal".

Um homem pobre andava pela estrada deserta. Viu uma lata sem tampa. Catou-a, feliz. E, caminhando, dizia:
— Encontrei uma linda lata quase nova.
Por volta do meio-dia, chegou em frente de um quartel. Os soldados comiam e o velho parou um pouco longe deles, para olhar. Então, um soldado despejou sua sopa na lata. O velho sentou-se na calçada e comeu aquela boa sopa, agradecendo ao Senhor.

O BELÍSSIMO MENDIGO (MMP 4)

L'uomo che dorme sul fieno,
mentre le stelle gli fanno lume,
è come un patriarca antico.
I suoi piedi di mendìco
conoscono tutte le strade;
le sue vesti son bagnate
di pioggia e di rugiade,
le sue carni abbronzate
dall'oro del solleone.

O homem que dorme sobre o feno, enquanto as estrelas o iluminam, é como um antigo patriarca. Seus pés de andarilho conhecem todos os caminhos, suas roupas molhadas pelas chuvas e pelos orvalhos, suas carnes bronzeadas pelo ouro de mil sóis.

PARA ENTRAR NO PARAÍSO (LEB 4)

Anjo encarregado de avaliar os títulos para ingresso no Paraíso deve decidir se admitirá um homem manchado por inúmeros crimes.

Agora, o anjo estava lendo na página reservada ao bem. Só havia uma frase escrita: "Sempre protegeu os fracos. Morreu pobre."

O anjo fechou o grande livro: cabia decidir a ele, agora.

No molho de chaves, escolheu a chave de ouro do Paraíso e abriu.

O TRABALHO

O trabalho é encarado de uma forma arcádico-arcaica: os textos fazem vislumbrar figuras de camponeses, marceneiros, semeadores, ferreiros. O trabalho industrial é muito pouco citado e, quando isto é feito, verifica-se um processo de antropomorfização da fábrica, para torná-la mais semelhante à forja ou à oficina. Não são salientados os aspectos técnicos do trabalho. Já que se fala de enxadas, seria interessante, para as crianças, conhecer suas partes, a maneira como pode ser usada, o princípio da alavanca, sobre o qual se baseia. Seria interessante ver como, nos vários países, são usadas enxadas diferentes; seria divertido saber que o arado chinês ou aquele africano ou o arado usado há quinhentos anos, na Europa, eram diferentes do arado atual (que, aliás, é freqüentemente mencionado, mas nunca apresentado ou descrito de forma visível).

Está quase completamente ausente do discurso o aspecto transformador do trabalho: o trabalho como modificação da natureza, produção de objetos, instauração de relações sociais.

Em compensação, o trabalho é, às vezes, apresentado como uma escolha moral, em contraposição à escolha dos vagabundos que não trabalham. Ou, então, torna-se uma dádiva do céu, pela qual devemos agradecer dia e noite.

O trabalho fica separado do tema da pobreza. Como vimos no capítulo sobre os pobres, os quais são considerados como uma espécie de produto da natureza, imaginado pelo céu, para dar ao rico ocasiões de demonstrar a sua bondade, assim, também, quem trabalha parece condenado à sua sina, por uma espécie de decreto divino. Nunca se pensa na possibilidade de passar de um trabalho para o outro. O tema da qualificação não é abordado. Parece, aliás, dominante o tema da fadiga, embora a fadiga seja sempre mencionada em relação à sensação de alegria profunda que provoca. O trabalho, pois, é fadiga, porém a fadiga é alegria e, portanto, o trabalho não é fadiga.

Dever ou divertimento, o trabalho nunca é apresentado como um direito. Não existe alguém que queira trabalhar e não pode. Mais facil-

mente, aparece quem não quer trabalhar, ou, então, o pobre, que não trabalha por definição.

No conjunto, a ética do trabalho que transparece nestes textos parece inspirada na pedagogia paleocapitalista mais maldosa, onde monstruosos "uncles Scrooges" encomendam textos próprios para convencer as crianças da necessidade do trabalho de menores nas minas...

Os textos, pois, são funcionais, se tivermos em mente não uma sociedade industrial moderna, mas uma sociedade proto-industrial, do tipo daquela descrita na obra Sem família.

Em todo caso, o universo de trabalho de que se fala é totalmente desconhecido pela maioria das crianças, as quais, atualmente, têm raras ocasiões de ver uma forja. A falta de imaginação do autor faz com que apareçam muito poucos eletricistas, técnicos de TV, encanadores, mecânicos, motoristas. Isto é devido ao fato de o autor extrair os seus textos de fontes que datam por volta dos anos 1900-1945.

SUOR A GOGÔ (LRE 5)

Senza sudor, chi mai gustò i piaceri?
La gioia ci alternò gioie e doveri;
perciò il fiaccone è sempre d'umor nero,
mentre chi sgobba ha il cor libero e fiero.
All'opra amici, a chi più canterà,
ben più lieve il lavoro sembrerà!

Sem suor, quem, alguma vez, achou gosto nos prazeres?
A felicidade nos deu alegrias e deveres;
Por isso, o preguiçoso está sempre de mau humor,
Enquanto quem se esfalfa possui o coração livre e altivo.
Mãos à obra, amigos, a quem cantar mais, bem mais leve
o cansaço parecerá!

O' SIM! (SCIA 4)

Oh! sì! Chi lavora è felice;
lo dice il martello, lo dice
la pialla, la vanga, la sega,
che lavorando si prega.
Chi non lavora è scontento;
ha l'animo torbido e cupo.
E se lo guardi, oh! spavento!
gli vedi due occhi di lupo.

Oh, sim! Quem trabalha é feliz;
é isto que diz o martelo, que diz
a plaina, a pá, a serra,
o trabalho é como uma reza.

Quem não trabalha, está sempre descontente;
possui a alma turva e escura.
E se você o olhar, oh, que susto!
Verá dois olhos de lobo.

A ALEGRIA SEGUNDO MANTEGAZZA

P. Mantegazza (SCIA 4)

Trabalho significa apetite, alegria, vivacidade, coração feliz, sono tranqüilo, mente serena, paz na alma e júbilo no coração...

Saúde e alegria ao homem que se cansa, rompendo os torrões da terra ou difundindo a luz da verdade entre os homens, enriquecendo o patrimônio das coisas úteis e o tesouro das belezas!

Sobre a sua cabeça, o céu está sempre sereno e, seja à luz do sol ou sob o esplendor das estrelas, a atmosfera que o rodeia deixa transparecer o perfume de mil bênçãos.

Saúde e alegria ao homem mais feliz da terra!

CANZONISSIMA[3]

(NP 2)

Era uma vez um marceneiro que trabalhava desde manhã até a noite. Aplainava a madeira e cantava.

Era uma vez um tanoeiro que trabalhava de manhã até a noite. Fabricava tinas e pipas e cantava.

O FILHO MÍOPE

(NP 2)

O filho do forjador olha o pai que trabalha e diz com admiração:

— Papai, você é mais bonito e mais majestoso que um rei. Trabalha no meio de fagulhas de ouro. Ao redor de sua testa brilha uma coroa de pérolas.

E não via que aquelas pérolas eram gotas de suor.

A ALEGRIA NAS MINAS

(PV 5)

Uma vida variada, complexa, desenrola-se naquelas escuras cavernas. A lâmpada, que cada homem traz pendurada na cintura, ou na mão, ilumina a rude faina de cada um. Os mineiros, encurvados, com as mãos agarradas às crepitantes furadeiras de ar comprimido, parecem fuliginosos monstros guerreiros.

QUE BELEZA! (PM 3, NR 3)

Deus, na entrada do Paraíso, controla as mãos de quem entra.

L'operaio fa vedere
le sue mani dure di calli:
han toccato tutta la vita
terra, fuochi, metalli.
Sono vuote d'ogni ricchezza,
nere, stanche, pesanti.
Dice il Signore: — Che bellezza!
Così sono le mani dei Santi.

O operário mostra suas mãos cheias de calos:
durante toda a vida tocaram
a terra, os fogos, os metais.
Estão vazias de riquezas, estão negras, cansadas, pesadas.
Diz o Senhor: — Que beleza!
Assim são as mãos dos santos.

AS PROFISSÕES G. Papini (NR 3)

Entre as artes manuais, a do camponês, do padeiro, do forjador, do lenhador são as mais compenetradas na vida do homem, as mais inocentes e religiosas... O camponês quebra o torrão e dali extrai o pão que come o santo na sua gruta e o criminoso no seu cárcere. O pedreiro assenta os tijolos e levanta a casa, a casa do pobre, a casa do rei, a casa de Deus. O forjador esquenta e torce o ferro para dar a espada ao soldado, o arado ao camponês, o martelo ao marceneiro. O lenhador corta e prega a madeira para construir a porta que protege a casa dos ladrões, para fabricar a cama sobre a qual os ladrões e os inocentes morrerão.

O FORJADOR BRINCALHÃO N. Vernieri (PAE 3)

Il mantice rifiata a più non posso
nella fucina, e la fiammella balla,
sul mucchierello del carbone rosso,
con ali azzurre come una farfalla.
Dall'incudine, ai colpi del martello,
sprizzano a sciami grilli e mosche d'oro;
ride la lima, miagola il succhiello:
non sembra un gioco qui dentro il lavoro?

O fole resfolega sem parar
na fornalha e a chama dança,
sobre o pequeno monte de carvão vermelho,

com asas azuis como as de uma borboleta.
Da bigorna, com os golpes do martelo,
saem, em enxames, grilos e moscas de ouro;
ri a lima, mia a broca:
não parece uma brincadeira, aqui dentro, o trabalho?

TRABALHE, PAPINI   G. Papini (NOI 5)

Vocês não sabem como é bela a enxada. Uma grande enxada de prata nas duas mãos pretas do camponês, que parte as pedras escondidas, corta as raízes velhas, quebra a terra seca, embranquecida, e a torna, novamente, como por um milagre, negra.

A enxada não precisa de bois subjugados, como o arado. Não precisa do pé, como a pá. A enxada só pede duas mãos fortes, duas mãos poderosas, resolutas, consagradas, duas mãos da mesma cor da terra, mãos onde as veias aparecem como raízes que serpenteiam à flor da terra.

A SERRA CANTA   (LET. AT. 2)

Stride la pialla, picchia il martello.
Canta la sega, fischia il succhiello.
E finalmente canta il lavoro
che a tutti i bimbi porta un tesoro.

Geme a plaina, bate o martelo.
A serra canta, a broca assobia.
E finalmente canta o trabalho
que traz a todas as crianças um tesouro.

QUEM NÃO TRABALHA PENSA DEMAIS   (LET. 1)

Eles trabalham e cantam, porque o trabalho é alegria e saúde. Os animais também trabalham: os bois subjugados ao arado, os passarinhos ao redor do ninho, as abelhas, para recolher o doce néctar. Quem não trabalha tem tempo de pensar em coisas feias e de praticá-las.

O SONHO DE TODAS AS CRIANÇAS   (LIE 2)

Ele vai para cá e para lá, pelas ruas, para cima e para baixo, dentro dos edifícios, com fadiga e sacrifício. Contudo, todas as vezes, ele volta com o sorriso nos lábios.

— Minha senhora, uma carta — ele grita. — Minha senhora, um jornal, um pacote...

Quantas crianças sonham em ser carteiro, com o uniforme novo, com o distintivo brilhante na manga e com uma grande bolsa pendurada no ombro, cheia de boas notícias para todos!

GRÁTIS PARA O ERÁRIO

R. Pezzani (NR 4)

Era uma vez um morro árido, sem árvores e sem água...

Ma un contadino, che
non aveva due zolle
da lavorar per sé,
vide quel monte e volle
farne un sito beato,
fresco di bosco e tenero di prato.
E vanga e zappa e suda...
Infone gli alberelli
crebbero così belli
che la mintagna nuda
un tempo, ora, imboschita,
chiamava intorno a sé tutta la vita.

Porém, um camponês, que não tinha nem um pedacinho de terra para trabalhar, viu aquele morro e quis transformá-lo num lugar aprazível, com um bosque fresco e um gramado macio. E começou a lavrar a terra, a cavar, a suar... Finalmente, as árvores cresceram tão belas que a montanha, antes nua, agora, coberta pelo bosque, chamava à sua volta toda a vida.

MAIS SOL, "PLEASE"

(SCIA 3)

Ecco, è piena la spica
e la falce è nel pugno;
il buo sole di giugno
rallegra la fatica.

Enfim, as espigas estão maduras,
e a foice está pronta;
o sol do verão alegra a fadiga.

OS MOTORISTAS DE CAMINHÃO

C. Martini (MN 5)

Le verdi vene dell'Italia sanno
i bruni camionisti: amici della
luna e dell'alba e del feroce sole,
che sgretola le gomme delle macchine.
Portano i loro carri mille odori:
balle di fieno e rossi mosti di resine

e radici di boschi profumati,
il candido belare degli agnelli,
e allegri manovali nella musica
festiva delle fresche fisarmoniche...
Pazienti vanno i bruni camionisti
lungo le strade della chiara Italia,
e molti cuori di bimbi rapiscono:
impugnare il volante dell'ignoto
essi vorrebbero, conoscere con loro
la lunga favola degli orizzonti.

Os morenos motoristas de caminhão conhecem as verdes veias da Itália. São amigos da lua e da aurora e do sol feroz que queima os pneus dos carros.

Seus caminhões carregam mil cheiros: fardos de feno e o mosto vermelho das uvas; raízes de bosques perfumados; o ingênuo balir das ovelhas e alegres operários cantando músicas festivas, com suas harmônicas...

Pacientes, vão os alegres motoristas, pelas estradas da Itália e roubam muitos corações de criança: elas gostariam de empunhar o volante, em direção ao desconhecido e conhecer, como os motoristas, a longa fábula dos horizontes.

E O BARCO VOLTOU SÓ (GIO 3)

O pescador, que vive grande parte dos seus dias na solidão do mar, é um homem que sabe esperar. A água tem seus caprichos, o lago, suas fantasias. Os dias nunca são iguais. O pescador, ao sair, não sabe se voltará com o barco cheio ou sem um único peixe para o jantar: ele se coloca nas mãos do Senhor.

ORAÇÃO (LET. AT. 2)

Senhor, fazei com que minhas mãos conheçam as alegrias do cansaço, como as de meu pai e conheçam as alegrias do conforto e do amor, como as de minha mãe.

P.S. *A oração, evidentemente, exclui que o filho do operário possa tornar-se engenheiro.*

MAS PIPPO NÃO SABE DAS COISAS (LET. AT. 2)

Pippo trabalha com alegria. Ele diz que o trabalho é o presente mais belo que Deus nos deu.

**MENS SANA IN
CORPORAZIONE SANA**   G. Navone (MELO 5)

*A imagem mostra operários e empregados entrando numa fábrica
cheia de chaminés fumegantes. O título da poesia é "O mundo está
mudando".*

E cambia il mondo. Vanno in dense schiere
a l'officina, ai campi, a la miniera
di mille le tribù,
non più per affrontar travagli immani
o gemere allo sforzo de le mani
come al tempo che fu; ·
ma guida accorte a docili strumenti
che forza arcana in macchine sapienti
costringe ad obbedir.
La mente e il braccio in armonia serena
saldar gli anelli d'aurea catena
e ride l'avvenir.

E o mundo está mudando. Cerradas fileiras de trabalhadores
vão para a oficina, para os campos, para as minas,
mas eles não enfrentarão mais tarefas desumanas
nem terão que gemer pelo esforço de suas mãos, como
antigamente. Suas mãos guiarão, agora, dóceis instrumentos
que, com forças misteriosas, farão obedecer as máquinas.·
A mente e o braço, em harmonia serena, reúnem os elos
de uma cadeia dourada, em direção a um futuro sorridente.

SIGH!   (CN 2)

*O texto explica como é uma fábrica. As máquinas fazem "um con-
certo barulhento".*

Tud... tud... tud... Batem os martelos com ritmo sempre igual.

Urr... urr... urr... Grita uma máquina que parece um gigante engolidor de ferro e que joga para fora pedaços de motor.

Cisc... cisc... cisc... Fazem as peças incandescentes, quando
mergulhadas na água por longas tenazes, que mais parecem braços
de monstros.

Ziii... ziii... ziii... Estruge com os longos dentes a serra
elétrica.

Viirr... viirr... viirr... Gira o torno, sem nunca ter uma
tontura.

Crrr... crrr... crrr... Rói a furadeira que fura até o ferro,
com o seu dente agudo.

Roar... roar... roar... Um motor está sobre o banco de pro·
vas. Ouçam como zumbe!

Bop... bop... bop... É o sinal de uma importante máquina: diz que está com fome de aço.

A DIVISÃO DA ALEGRIA   (CN 2)

O pai de Franco constrói carros numa grande fábrica. Os meninos perguntam-lhe se todos, lá, sabem construir carros.

— Acho que sim, porém não como vocês estão pensando. Aqui na fábrica cada um tem a sua tarefa precisa, é especialista num determinado trabalho. Por exemplo, há quem faz sempre as carroçarias. Há quem faz sempre partes do motor. Cada um tem a sua tarefa.

— Vocês não cansam de fazer sempre a mesma coisa?

— Um pouco, sim. Contudo, somente desta maneira é possível construir, em poucas horas, muitos carros. É preciso muita atenção. É suficiente um erro, um defeito, para danificar o trabalho de todos. E, depois, é preciso fazer tudo dentro de um tempo estabelecido. Não podemos olhar para as moscas, como fazem vocês, meninos, às vezes, na classe...

— É mesmo... —, dizem os meninos, olhando para ele, admirados.

O VOVÔ MASOQUISTA   (NOI 5)

Piero vai visitar o avô na fundição. O vovozinho está cuidando da fundição do metal...

Um vapor cinza levantou-se em direção ao forro da fundição, escondendo o vigamento e até o guindaste. Os operários, lustrosos de suor, pareciam de bronze polido. (...) Para Piero, aqueles operários sujos de suor e de poeira pareciam uma porção de Vulcanos ocupados com construir relâmpagos para o deus Júpiter.

(Piero, pelo que parece, graças às semelhanças de que se fala, é muito culto e, entusiasmado, elogia a beleza do fogo. O vovô aperta a mão do netinho na sua, evidentemente cheia de calor e, depois, diz, com voz comovida...)

— Eu também, Piero, entrei por curiosidade na fundição, quando era menino. E me pareceu tudo tão bonito... que aqui fiquei. É belo amar o trabalho que a gente faz. Estou velho e ao bom Deus só peço uma coisa: quero ficar aqui, na fundição, até o último dia dos meus dias.

E vovô levantou os olhos para o céu, em direção às estrelas.

O BOBALHÃO   (MN 5)

É a estória de um quebrador de pedras, que obtém de um anjo a possibilidade de ser transformado em um homem rico. Depois, porém, ele pede para ficar rei e, não contente ainda com isso, alcança ser transformado em sol. Ofuscado por uma nuvem, transforma-se em chuva e depois em riacho e aí encontra a resistência de uma pedra. Então, o bobalhão quer ser transformado numa pedra e, naturalmente, quem vai lhe quebrar os ovos na cesta? Um quebrador de pedras. O idiota, neste ponto, e tendo o anjo ainda a seu dispor, poderia ter-lhe pedido para ser transformado novamente em homem rico. Mas, em lugar disso, pede para ser transformado naquele homem poderoso, capaz de quebrar pedras. E o que acontece?...

Torna-se quebrador de pedras. Duro é o seu trabalho. Pesada a sua tarefa e magro o seu pagamento. Mas sentiu-se feliz.

O SÁDICO   (PAE 3)

Um jovem sadio e robusto diz a um industrial que está com fome. Este manda que ele escolha entre uma moeda de prata e um pãozinho. O jovem, obviamente, escolhe a moeda, mas aí o esperava o rico senhor: — "Então, está vendo que não está com fome?" Assim, o industrial o leva para a sua fábrica, para trabalhar e o tira do ócio.

O senhor deu ao jovem o pão para salvá-lo da fome e deu-lhe trabalho, para salvá-lo do ócio.

Sem pão, ele teria morrido; sem trabalho, ele se tornaria ruim.

SORTE DELE!   P. Bargellini (LIF 3)

Um homem vivia sempre tranqüilo, sempre contente. Trabalhava e cantava.

— Sorte dele! —, diziam as pessoas.

— É um amigo meu que me alegra — respondia o homem. Nunca ia ao bar e respondia, a quem lhe perguntasse o porque disso:

— Meu amigo me faz companhia.

. . .

— Mas quem é esse seu amigo?

— Vocês não estão vendo? É o trabalho!

FALTA DE SABÃO   D. Giromini (NR 3)

Mário está no ônibus com o pai, quando, perto dele, senta-se um velho operário, todo empoeirado. Mário encolhe-se, para não se sujar. O pai fica zangado.

— Sujo? Não, não, Mário: aquele homem não estava sujo. A poeira que tinha era, apenas, o sinal do seu duro trabalho. O trabalho não suja. Aquele operário que você não quis tocar vale tanto quanto um outro trabalhador qualquer, como um ourives, um escultor, um advogado, um engenheiro, um tabelião ou um outro profissional. Cada tipo de trabalho é válido.

A ERVA QUE CRESCE EM TODOS OS JARDINS   (AV 3)

Estória de duas camponesas que voltam para casa com a cesta cheia de ervas. Uma canta feliz e a outra, de cara amarrada, pergunta-lhe porque está tão contente, apesar do duro serviço. Ela responde que colocou na cesta uma planta que a ajuda a não sentir o cansaço.

A outra moça olhou-a com um sorriso malicioso.

— Você será capaz de manter segredo?

— Quem você acha que eu sou? Não sou criança. Vamos, diga, diga.

— Pois bem, a planta milagrosa que deveríamos sempre ter conosco, para sentir menos cansaço, para suportar as penas, para trabalhar calmamente é... é... é, quer mesmo saber? É a paciência.

O HERÓI E A PÁTRIA

O conceito de herói traz consigo o conceito de Pátria. Portanto, a imagem da Itália como comunidade nacional e étnica nunca é apresentada no seu aspecto, digamos assim, sociológico. A Pátria é uma entidade abstrata, que nada tem a ver com os italianos que a compõem, nem com os fenômenos geográfico-territoriais que constituem o seu suporte físico. Os dados geográficos, econômicos, sociais, quando muito, são fornecidos (e mal fornecidos) nas páginas de geografia, mas, nesse caso, o fato de que a Toscana tenha limites com a Umbria e a Emilia nada tem a ver com o conceito de Itália como Pátria. Da mesma forma, o conceito de Estado, também, nada tem a ver com isso (o Estado aparece através de trechinhos virtuosos, a respeito da bondade do prefeito, que, aliás, aparece como uma espécie de fenômeno natural, o pai de todos, sem que o seu poder seja explicado como emanado da vontade popular).

O que é, então, a Itália, para os nossos pequenos leitores? É, em primeiro lugar, a bandeira. Contudo, mesmo neste caso, a bandeira é apresentada como sendo o efeito de forças mágicas, inventada pelas fadas, pelas ovelhinhas que dão o branco da lã, pelos gramados que a tingem de verde.

O nascimento da bandeira tricolor como efeito do movimento revolucionário do início do século passado e sua derivação do tricolor francês, tudo isso é ignorado.

Identificada pelas três cores do pano sagrado ou, mais freqüentemente, com a mãe (e, portanto, como uma entidade que se sobrepõe aos cidadãos e que os gera, em lugar de ser por eles gerada), a Pátria não é definida em si mesma, mas é circunscrita dentro da noção "morte pela Pátria". Em outros termos, a única caracterização histórica e civil da Pátria é "aquilo pelo qual é delicioso morrer". Daí nasce a mítica do herói, freqüentemente apresentado como um imprudente precipitado, que coloca em perigo a sua própria vida, por motivos nem sempre razoáveis e que, por causa disso, sofre uma morte terrível ou uma mutilação mais horrível ainda, que lhe dá uma sensação de alegria indizível.

A figura de um herói como um homem que, dolorosamente e a contragosto, não podendo fazer outra coisa para salvar os companheiros, ou alcançar um objetivo coletivo, aceita colocar em perigo a própria vida, é excluída.

O herói jamais é alguém que, infelizmente, morre, porque, generosamente, calculou também esta possibilidade, embora fazendo o possível, como é justo para obedecer ao seu instinto de conservação. Aqui, o herói é aquele que não *tem instinto de conservação. Debruça-se para fora dos abrigos sem necessidade; arremete sozinho contra o inimigo, quando nenhuma regra tática ou estratégica o admitiria; procura a morte como se ela fosse um valor, em lugar de suportá-la como um incidente. (Esta última seria a única condição pela qual o herói seria digno de estima. Com efeito, podemos admirar quem, vencendo o próprio e razoável medo, se sacrifica e não quem persegue, alegre e levianamente, seu próprio sonho masoquista.)*

Conseqüentemente, a figura do herói torna-se anti-educativa, porque valoriza a imprudência, a irreflexão, a mania de debruçar-se nas janelas e de andar sobre os murinhos altos, magnifica a violência, torna-se sedento de sangue e obtém, portanto, resultados pedagógicos bem mais nefastos do que qualquer cena de horror ou de morte, mostradas por um filme policial ou por um filme de bangue-bangue. Sobretudo porque, na maioria dos casos, o herói é sempre uma criança; uma criança italiana, uma criança "como você" e, portanto, o convite à irreflexão não vem de um modelo abstrato e longínquo, como poderia ser o cow-boy ou o explorador, mas de um modelo que propõe o máximo de identificação possível com o leitor.

Perde-se, portanto, também, uma útil ocasião pedagógica para fazer refletir as crianças a respeito da crueldade da guerra, o sentimento de solidariedade dos companheiros, o cálculo generoso, mas cuidadoso, dos prós e contras de qualquer ação que, mesmo tendo uma finalidade boa, possa trazer problemas para a vida humana, a própria e a dos outros. Ao contrário, toda a mitologia do herói transforma-se num permanente convite ao suicídio, sem que jamais seja explicado o motivo pelo qual o suicídio é tão freqüentemente recomendado.

POBRE E BONITA
P. Pezzani (BR 4)

Italia sei povera e bella.
In fronte ti splende una stella
che iguale nessuno ce l'ha.

Itália, você é pobre e bonita.
Na sua testa, brilha uma estrela
e ninguém a possui tão bonita.

SOMOS RICOS E POBRES   R. Pezzani (CAV 1)

Ricca o povera, o Italia,
sei la patria mia.
Sei così bella che somigli
alla mia mamma.

Rica ou pobre, ó Itália,
você é minha pátria.
Você é tão bonita que até parece
a minha mãe.

COMO A MAMÃE   R. Pezzani (BV 2)

Di tre colori cucita,
così piena di vita,
anche un bimbo la può portare.

. . .

E il cuore che la vede
brillare come una fiamma
agitata dal vento,
si fa subito contento
come vedesse la mamma.

Composta de três cores,
tão cheia de vida,
até uma criança pode carregá-la.

. . .

E o coração que a vê brilhar
como uma chama agitada pelo vento,
torna-se alegre, como se visse a mamãe.

PÁTRIA E BOTÂNICA   (BV 2)

Pedrinho volta para casa, depois da escola: sozinho, fez uma bandeira...

— Muito bem, meu soldadinho!

A mamãe planta a pequena haste da bandeira num vasinho cheio de terra.

— Como é linda! Parece uma flor!

43

PÁTRIA E TURISMO (NL 2)

Não há terra, no mundo, mais bonita do que a minha pátria. Parece um jardim.

**AS ORIGENS HISTÓRICAS DA
BANDEIRA TRICOLOR** (NL 2)

Eis a nossa bandeira!
É verde como os prados das nossas planícies, branca como a neve das nossas montanhas, vermelha como o fogo dos nossos vulcões.

**AINDA A RESPEITO DAS ORIGENS
HISTÓRICAS** (PAE 4)

A Itália convoca três fadas para fazer a bandeira mais bela. A primeira coloca nela a neve das montanhas, a lã das ovelhas, o leite das vacas, a farinha que nos dá o pão, a inocência de um menino e o véu de primeira comunhão (de uma menina). A segunda fada, mais especializada, joga com o verde dos gramados, das folhas e da esperança. A terceira excede-se com papoulas, rosas, begônias, cravos. Acrescenta-lhes a chama das lareiras e, para alegria das crianças que moram nas encostas do Etna, o fogo dos vulcões. Naturalmente, não esquece o sangue dos heróis e, o que vem a dar na mesma, o amor de uma mãe. (As mães, como veremos em outros trechos, ficam muito felizes se seus filhos morrerem como heróis.) A Itália, toda contente, pega tudo e constrói uma bandeira tricolor. O fato aconteceu, presumivelmente, antes do Dilúvio Universal. A estória é para crianças do quarto ano.

VAMOS PÔR OS PINGOS NOS IS! (LIE 2)

É festa nacional e é feriado.
Não é uma festa religiosa, mas é festa patriótica.
O verde representa os nossos campos cobertos de plantas e de relva. O branco representa a neve das nossas montanhas. O vermelho representa o sangue que os italianos derramaram contra os inimigos.

É FOGO! O. Visentini (NOI 5 e LRE 5)

Conta-se como morreram os jovens de Curtatone e Montanara.

A bela planície mantuana, sulcada por riachos e por fossos, embelezada pelas espigas, tornou-se vermelha de sangue.
Um menino foi ferido nos joelhos e caiu ao solo, mas levantou-se e, arrastando-se ensangüentado, continuou a combater até que seus olhos se enevoaram e a arma caiu-lhe das mãos. Houve um outro

rapaz que, mutilado da mão direita, por mais de meia hora acionou o fuzil com os dentes.

Sobre a ponte do riacho Osone um estudante foi baleado no peito e caiu debruçado sobre a água turva. Com as poucas forças que ainda possuía, arrastou-se com as mãos até a margem e apoiou a cabeça sobre a relva fresca.

Um jovem, abatido pela metralha, moribundo, com o sangue que lhe fluía em jatos pelos lábios, murmurou:

—- Não fiz muito pela Itália!

KAMIKAZE À MATRICIANA[4]

O. Visentini (RM 4)

Conta-se como os jovens romanos do lago Trasimeno morreram magnificamente.

Os orgulhosos jovens romanos, com ímpeto ardente, aceitaram a batalha, embora de uma posição extremamente desfavorável e combateram como jovens leões, sob o sol da primavera, por entre a fragrância das rosas.

Quando as sombras roxas do crepúsculo escureceram as colinas, os romanos não quiseram depor as armas, nem aceitar uma trégua. Foram cada vez mais para a frente, até o pantanal, onde há caniços e algas, onde o terreno mole afunda sob os pés, borbulhando.

E afundaram todos no Trasimeno traiçoeiro, que os acolheu jovens, ofegantes, mais belos do que a primavera, sob as suas águas.

COMO É BOM DOAR A VIDA!

R. Pezzani (RM 4)

L'ha falciato la mitraglia
come un filo d'erba dritto.
Era un giovane coscritto,
non pensava alla medaglia.
Se la terra l'imbavaglia
io per lui ti pregherò.
Diciott'anni, o mio Signore,
sono belli da portare.
Com'è bella da donare
questa vita, quand'è in fiore.

A metralha ceifou-o como se fosse um fio de relva.
Era um jovem recruta, não pensava na medalha.
Se a terra o amordaçar, eu por ele rezarei.
Dezoito anos, ó Senhor, são belos.
Como é bela esta vida,
Como é bom doar a vida, quando está em flor.

COMO USAR CRIANÇAS NAS BATALHAS

O. Visentini (NR 4)

Narra-se a batalha de Legnano

O chefe daqueles valorosos jovens lançou-se para a frente e, com um salto, desorganizou as tropas imperiais. De Carroccio, o sino tocava: dan... dan... dan... Mas não eram mais duas mãos juvenis que o agitavam: o heróico menino, ferido gravemente nos braços, havia agarrado a corda do sino com os dentes... (...)

Lá em cima, em Carroccio, um jovem agonizava. Contudo, ainda cerrava entre os dentes a corda e o sino oscilava lentamente, com batidas fracas, como se rezasse pelo jovem herói.

O TENENTE INCONSCIENTE

L. Barzini (ROSE 5)

Um menino junta-se a uma companhia italiana de assalto...

Na hora do assalto, era como eles.

— Posso pegar um fuzil? —, perguntou ao tenente.

— Pegue!

O rapaz pulou contente por entre os arbustos.

No segundo contra-ataque, desapareceu. Foram encontrá-lo mais tarde, estirado numa poça de sangue, com o peito dilacerado.

QUE BOM SER SOLDADO

R. Simoni (RPA 5)

Polveroso ed infangato,
stanco morto o riposato,
sotto il sole o lo stellato,
marcia il fante affardellato,
perchè (piova o faccia bello)
da filosofo qual è
egli porta nel fardello
tutti i beni suoi con sé.
Che bagaglio tintinnante,
quando marcia, ha indosso il fante!
Quali musiche moderne
fanno maschera e giberne!
Che concerto dolce e gaio
fan la tazza ed il cucchiaio
chiusi dentro alla diletta
stonatissima gavetta!

Poeirento e enlameado, morto de cansaço ou descansado, sob sol ou sob o céu estrelado, marcha o soldado carregado, porque (chova ou faça sol) como um filósofo, ele leva no seu fardo todos os seus bens.

Que bagagem tilintante, quando marcha, tem o soldado!
Que música moderna fazem a máscara e a cartucheira! Que concerto alegre e sonoro fazem a xícara e a colher, fechadas dentro da gamela.

> *Este é um exemplo de "isolação artificial de um texto político". É possível que o texto de Simoni ironizasse a situação do soldado, mas a criança, encontrando este trecho fora do seu contexto, somente poderá dar-lhe o mesmo sentido que deu ao elogio ao trabalho: é a mistificação lírica de uma condição que é, aliás, bem dolorosa.*

SADISMO   V. E. Branetta (PM 4)

> *Deplorável estória de uma velhinha que começa a aprender a ler, para poder ler as cartas do filho que está no* front. *Depois de contar longamente os esforços da velhota, ela aprende finalmente a soletrar as "formigas" que aparecem na folha, sob os seus olhos trêmulos. Finalmente, recebe uma carta do* front *e (ah! ah! ah!): na carta está escrito que o filho morreu. Vocês ficaram contentes, crianças?*

SEISCENTOS MIL MORTOS   (LR 5)

Ontem, 3 de novembro, às 16,30 horas, entramos na cidade de Trieste. Nenhuma terra foi, jamais, reconquistada com tanta exaltação, nenhuma alma reencontrou, com tão grande alegria, o paraíso perdido.

OS JOVENS IMPRUDENTES   (NOI 5 - PAE 5 - NSI 5, etc.)

> *Uma série de textos são o resumo de várias estórias do livro* Coração: *a pequena sentinela lombarda, que não desce da árvore, como deveria ter feito, obedecendo às ordens do oficial, justamente preocupado em não expor ninguém a uma morte inútil; o pequeno tamborim, que não obedece aos conselhos do bom senso, sabiamente representado pelo médico: "uma perna que teria sido salva, se ele não a tivesse forçado daquela forma louca"; um jovem que, sobre o rio Piave, mostra o caminho aos soldados e que, depois disso, em lugar de deixá-los passar, lança-se em primeiro lugar, à frente deles e, como era previsível, é ceifado pela metralha. Não se conhecendo o nome de nenhum desses "heróis", o problema é resolvido patrioticamente:*

Ninguém soube, jamais, quem era, nem de onde viera o jovem. Ninguém sabia como se chamava, então colocaram-lhe apenas um, imenso, luminoso e eterno: ITALIANO.

> *Um outro conto narra a estória de um grupo de jovens que, enquanto as tropas haviam feito evacuar a aldeia (certamente porque o bom senso militar julgava a posição insustentável), cavam uma trin-*

cheira, recusam unir-se à retirada de Caporetto, apesar dos conselhos de alguns soldados que por ali passavam e esperam os austríacos. Estes colocam uma metralhadora num ponto estratégico e os jovens, imediatamente, descobrem a maneira mais técnica de silenciá-la:

Então, Mário, decidido a enfrentar o perigo, empunhou a bandeira e gritou:

— Nós a colocaremos lá em cima! Precisamos silenciar essa arma maldita. Avante, ao assalto com as baionetas!

Pulou primeiro, os outros o seguiram. Contudo, não conseguiram superar o breve espaço descoberto que havia entre eles e a metralhadora. Mário caiu na beira da trincheira, com a bandeira contra o coração e, logo depois, caíram os outros.

UMA MULHER DE SORTE   (MN 5)

A pobre zeladora está voltando do cemitério, onde foi rezar sobre o túmulo de seus dois filhos que morreram na guerra e percebe que alguém lhe roubou a carteira, onde guardava a fotografia dos pobres defuntos. A polícia encontra a carteira.

Na frente do delegado, abriu a carteira, olhou as duas fotografias e mostrou-as ao homem, dizendo:

— São meus dois filhos, que morreram na guerra. Um de vinte e dois anos e outro de vinte e três. Obrigada, senhor delegado, muito obrigada! Que momentos terríveis passei esta manhã!

— Minha senhora, não deve agradecer a mim, mas a estes dois policiais. Sua carteira foi roubada no ônibus, quando a senhora estava voltando do cemitério. Os policiais perceberam os ladrões: eram dois jovens.

— Dois jovens e ladrões? — exclamou a mulher. — Oh, pobres mães, essas sim que são desgraçadas!

Foi andando e agradecendo aos policiais, enquanto apertava nas mãos as fotografias dos seus valorosos filhos.

O PEQUENO TENENTE CALLEY[5]   (NL 2)

"Piccolo eroe" vuol dire esser soldato:
obbedir pronto e lieto
a tutto ciò che vien comandato.
Quanti dunque tra voi
sono piccoli eroi?

"Pequeno herói" quer dizer ser soldado:
obedecer depressa e cegamente
a tudo o que for comandado!
Quantos, entre vocês,
são pequenos heróis?

A ESCOLA, UMA PEQUENA IGREJA

A presença na classe obriga a criança a pensar no problema da escola. Em muitos casos, poderá ser o problema dos dois turnos ou das construções escolares; o problema da utilidade da escola no mundo industrial ou do direito à escola... O livro didático poderia propor exemplos de vários métodos de convivência escolar, modelos de pesquisas e discussões em grupo, a escola como terreno de encontro entre grupos e classes diferentes.

O tema dominante, ao contrário, quando a escola é mencionada, é o da comparação da escola com uma igreja. Ora, raramente a criança encara o fato de rezar como um divertimento e, assim, apresentar-lhe a escola como uma igreja significa condenar esta instituição a um ódio irremediável.

Seria, talvez, interessante apresentar a igreja como sendo uma escola, mas, como veremos mais adiante, no capítulo sobre a religião, essa idéia está além das possibilidades da imaginação dos autores.

O CHEIRO DA ESCOLA (NR 4)

Come il mulino odora di farina
e la chiesa d'incenso e cera fina,
la casa prende odor dal pane nostro
e la scuola dal gesso e dall'inchiostro.

Assim como o moinho tem cheiro de farinha
e a igreja tem o cheiro do incenso e da cera fina,
a casa tem o cheiro do pão,
a escola tem cheiro de giz e de tinta.

E OS NAVEGANTES? (ROSE 4)

Os dias, lá fora, tornam-se tristes e cheios de tédio. Ao contrário, aqui, na sua escola, há um calorzinho agradável, um alegre grupo de amigos e um professor e uma professora que gostam de vocês e que guardam para vocês maravilhosas estórias de santos, guerreiros e poetas.

Não são mencionadas estórias de insetos, invenções científicas, populações e grupos étnicos. A enciclopédia do saber é dada pelos Acta Sanctorum e pelo Álbum das Medalhas de Ouro.

ENQUANTO O TEMPO PASSA   (ROSE 4, NL 4)

Tutto qui dentro è bello e sa di buono,
La campanella manda un dolce suono
e alla parete sta una croce appesa.
Pare di essere in chiesa:
si entra senza cappello
si parla a voce bassa
si risponde all'appello.
Oh nella scuola come il tempo passa!

Tudo, aqui, é bonito e bom.
A campainha tem um som agradável
e na parede há um crucifixo pendurado.
Parece que estamos numa igreja:
entra-se sem chapéu, fala-se em voz baixa,
responde-se à chamada.
Oh, como passa depressa o tempo na escola!

A FADA!   (ROSE 4)

A professora é uma fada! Abre a mente dos seus pequenos alunos, educa seus corações, guia as suas mãos. O seu olhar é mais luminoso do que o sol, a sua voz é mais suave do que a música.

QUE SURPRESA!   (AV 4)

La scuola è proprio come una chiesetta
che i suoi fedeli aspetta:
aspetta i suoi fedeli ogni mattina
questa allegra cheisina.

. . .

Ed entrano i fedeli a mano a mano,
con un libretto in mano,
per andarsi a seder tutti, o sorpresa!
sui banchi come in chiesa.
Lo studio, bimbi, in certa qual maniera,
è anch'esso una preghiera.

A escola é como uma igrejinha
que espera os seus fiéis:
espera seus fiéis todas as manhãs,
esta alegre igrejinha.

. . .

Entram os fiéis, um a um,
com um livrinho na mão:
vão sentar-se todos nos bancos,
ó surpresa, como na igreja.
O estudo, crianças, de uma certa forma,
é também uma reza.

REGINA COELI[6]   (LEB 4)

Ergue-se numa rua de grande movimento: na frente das portas de entrada há barreiras feitas com tubos de ferro, para impedir que alguma criança distraída saia correndo e atravesse a rua, enfrentando o perigo. Atravessando o umbral da porta, entramos num amplo pátio... o saguão daquela grande casa que é a escola. Ali, no saguão, as crianças são recebidas no primeiro dia de aula, ali começam a perceber que a escola é alguma coisa sagrada, que ir para a escola é como ir para a igreja.

A CULPA É SUA, MALDITO CORCUNDA!   (CQP 5)

A correta curvatura da coluna vertebral poderá tornar-se uma curvatura exagerada, por causa da má posição que assumimos, freqüentemente, quando sentamos.

Quantas vezes vocês ouviram dizer de um colega muito estudioso: "É um *sgobonne*"[7]? Vocês já pensaram no significado dessa palavra? Significa um menino que passa muito tempo curvado sobre os livros.

Uma má posição enquanto estudamos faz curvar demais a coluna vertebral ou a curva de forma errada.

> *Toda a página, inclusive as ilustrações, alonga-se em explicações a respeito da forma correta de se sentar no banco da escola. Contudo, traída pela vocação realística do desenhista, a ilustração mostra uma decoração escolar arcaica, que somente pode produzir crianças com defeitos nas costas. Apesar disso, a criança não é informada do fato de que sua saúde depende, também, da forma dos bancos nos quais é obrigada a sentar.*

É SEMPRE UMA IGREJA

(RM 4)

Talora nelle nobili città,
ha lustro e maestà;
talor, purtroppo, è misero abituro,
in luogo angusto e oscuro.
Eppure anche se povera e modesta
prende un'aria di festa
quando è piena di voi, bimbi, la scuola.
quando non è più sola.
Di fianco non le sorge col gentile
richiamo il campanile;
eppur anch'essa snocciola bel bello
un suon di campanello.

Às vezes, em cidades nobres, é imponente e majestosa;
outras vezes, infelizmente, é uma construção miserável,
em algum canto escuro e estreito.
Contudo, mesmo quando pobre e modesta, toma um ar
de festa
quando está cheia de crianças, a escola,
quando não está mais sozinha.
Não possui campanário; contudo, ela também
faz ouvir um belo som, graças à sua campainha.

RAÇAS E POVOS DA TERRA

É evidente que um inconsciente racismo penetra os textos escolares, mesmo quando a finalidade aparente da estória ou da poesia é a de apresentar à criança a realidade das diferenças étnicas, através de uma compreensão e uma simpatia um pouco vagas.

Podemos dizer, então, que o raciocínio não depende tanto de uma escolha ideológica, quanto de uma carência cultural. O uso preguiçoso e continuado de modelos ultrapassados leva, de texto para texto, através de uma longa cadeia de empréstimos e de citações, à utilização de uma matéria que, no mínimo, precede a constituição das Nações Unidas. Um exemplo típico é o que se refere à "deformação de citações respeitáveis", da qual falamos em nossa introdução. O texto de Ragazzoni sobre os lapões (cfr. o capítulo intitulado "Nossa bela língua"), em sua sede original (um livro de versos excêntricos e engraçados) e na época em que foi concebido, não possuía conotação racista alguma e os lapões aí existiam como uma pura imagem fantástica, como os personagens dos "non-sense" de Lear, que moravam em Pequim ou em Gottingen, por razões puramente métricas. Inserido como citação pedagógica, o trecho, em contato com os outros, adquire imediatamente uma conotação pejorativa, e de forma alguma ajuda as crianças a compreender a realidade de povos tão diferentes de nós, graças a costumes e condições geográficas peculiares.

De qualquer forma, é colocada em relevo somente a "diversidade" das outras raças e sempre como uma curiosidade teratológica, ao passo que outros textos intervêm para reforçar no pequeno leitor a idéia de que ele pertence a uma raça melhor, a uma pátria com as montanhas mais belas e os prados mais verdes do que as outras pátrias, como foi cientificamente provado pelas três cores da bandeira.

É de se presumir que um plano pedagógico desse tipo obedeceria a um projeto definido, por mais perverso que fosse. Contudo, a inconsciência que domina a compilação destes textos faz com que o verme racista se insinue, também, na análise da composição étnica do povo italiano e, assim, insensivelmente, os textos acabam por difundir um

53

sentido de desprezo pelos habitante das áreas mais subdesenvolvidas do nosso país.

TODOS IGUAIS (MAS ALGUNS...)   B. Foresi (SCIA 3)

A balada canta a fraternidade entre as crianças de todo o mundo. Todavia...

Rossi in viso, i bimbi indiani
stanno accanto a quelli gialli,
e coi lor pennacchi strani
sembran buffi pappagalli.
Gli africani della schiera
han la pelle nera nera,
le pancette tonde e grosse,
denti bianchi e labbra rosse.

. . .

Gli europei dal viso bianco
spiccan tra gli altri colori.
Risplendenti come fiori,
danno il tono al lieto canto.

De rosto vermelho, os meninos índios
estão próximos aos amarelos,
e com seus estranhos cocares
parecem engraçados papagaios.
Os africanos da fileira
têm a pele muito preta, barriguinhas redondas e gordas,
dentes brancos e lábios vermelhos.

. . .

Os europeus de rosto branco
sobressaem-se entre as outras cores,
resplandecem como flores,
dominando o alegre cantar.

BUNDA PRETA   A. Pitto (LEB 4)

Durante a partida Itália x Uruguai, em 1928, no segundo tempo, o preto, depois de um de seus vôos aos pés de Magnozzi, permaneceu estendido no chão, fazendo gestos desesperados a seus companheiros. A ação continuou e, depois, a bola saiu fora do campo, mas Andrade não queria levantar-se. Ele não estava machucado. Apenas o seu calção, raspando no chão, com o tombo, tinha-se rasgado completamente. Quando se levantou, o incidente passou despercebido. O calção preto, a pele preta, tudo se confundia e não se via nada.

CADA UM TEM A ESCOLA QUE MERECE (BV 2)

Também Ali, que é um negrinho africano, vai para a escola, de manhãzinha. Para isso, deve percorrer um bom pedaço de floresta, antes de chegar à escola dos missionários brancos.

Como vemos, está excluída a possibilidade de existência de um país africano independente, onde as crianças tenham uma escola com professores pretos.

A DESVENTURA DOS CHINESES   P. e D. Gribaudi (ROSE 5)

Os japoneses pertencem à raça mongólica, como os chineses e os coreanos, com os quais têm muitos traços em comum.

. . .

Ao contrário dos chineses e dos coreanos, eles, desde logo, aceitaram o que encontraram de belo e de útil nas ciências, nas artes e nas indústrias dos europeus e, em poucos anos, o Japão tornou-se uma grande potência política e econômica.

NOTÍCIAS SOBRE A LIGA ÁRABE   G. Mantovani (ROSE 5)

O árabe tem dois grandes afetos: o *camelo* e a *palmeira*. Não sabe o que é a pátria e só possui uma consciência nacional rudimentar. Contudo, na luta contra o invasor, ele defende, encarniçadamente, o seu oásis e o seu rebanho.

A comicidade dos dois últimos textos é devida ao fato de as citações terem sido extraídas de obras velhas dezenas de anos. Já que o livro é dirigido a jovens da quinta série, que vêem o noticiário da televisão, a curiosidade desses jovens a respeito da misteriosa população que combate contra Israel não fica satisfeita.

PÁGINAS BELAS   B. Foresi (SCIA 4)

Nesta estória, os heróis eram "três negrinhos espertos e cheirosos como porquinhos que acabam de sair do chiqueiro". Pertenciam a uma tribo que, naturalmente, era antropófaga e o pai vende-os, em troca de uma espingarda, a um explorador inglês chamado Jack Collins. Os negrinhos vão para a Inglaterra com ele e "logo se acostumaram à vida civilizada, mas continuaram a ter saudades dos bons bocados de carne humana".

Um dia, o açougueiro, de brincadeira, conta aos meninos que um pedaço qualquer de carne é carne de homem branco e "pouco depois, o pedaço de cordeiro desaparecia misteriosamente e, na manhã seguinte, debaixo das camas dos três negrinhos, foram descobertos alguns ossos".

Os negrinhos são fechados numa cela de correção (sic), onde está também um jovem branco e, no dia seguinte, o jovem branco desapareceu e, no chão, são encontrados ossos. Contudo, os negrinhos não são, assim, tão malvados. Na realidade, eles comeram o gato e o menino branco (pálido como um trapo) só está dependurado do lado de fora da janela, onde se refugiou, de medo de ser comido.

Esta leitura é para crianças da quarta série.

O NEGRO É ESTÚPIDO   Rosmarj (NR 4)

Sempre para crianças da quarta série, a estória do negrinho que leva ao missionário alguns cocos e uma carta de acompanhamento, mas come alguns dos cocos. O missionário percebe, porque a carta menciona o número dos cocos e, então, o negrinho passa a desenvolver um terror supersticioso pelo papel escrito e a sua onisciência.

Na vez seguinte, antes de comer um abacaxi, o negrinho esconde a carta de acompanhamento sob a areia para que ela não o atraiçoe.

Daí se vê como o missionário passa seus dias recebendo donativos desnecessários, em lugar de ensinar a ler aos negrinhos.

O DESTINO DA ÁFRICA   A. Fraccarolli (NR 3)

— Como te chamas?

— Kabula.

— Quantos anos tens?

— Não sei o que é isso.

— Quando nasceste?

— Não sei.

— Muito bem. Queres ser meu servo?

— Quero.

— O que sabes fazer?

— Nada.

— Ótimo. Vem comigo.

. . .

Um dia, ao voltar para o quarto, no hotel, encontro Kabula emocionado e com os olhos cheios de lágrimas.

— Que fizeste?

— Nada, patrão.

Kabula não fez nada, mas sinto no ar um agudo perfume de água de colônia. A garrafinha sobre a mesa está sem tampa e quase vazia.
— Derramaste a garrafinha?
— Não, patrão, bebi o líquido.

. . .

Contudo, apesar destas extravagâncias bem compreensíveis para a mentalidade de um pequeno negro, ele era um bravo e fiel jovem. Quando fui embora, ele ficou olhando, em silêncio, com os olhos úmidos de pranto. Ele chorava, mesmo sem água de colônia. E, no último instante, com uma voz que não lhe conhecia, perguntou-me:
— Voltarás, patrão?. . .

DIETÉTICA CHINESA

(SEMI 2)

Os chineses comem carne somente nos dias de festa. A sua comida preferida é o arroz: arroz de manhã, arroz ao meio-dia, arroz à noite.

> *Este texto procura apresentar o arroz como uma escolha dos chineses e não como uma dura necessidade. Porém, entra em contradição, ao afirmar que nos dias de festa eles comem carne, isto é, uma comida que não é a preferida. A contradição torna-se ainda mais evidente no final:*

Algum de vocês está franzindo o narizinho? Pois bem, se, às vezes, vocês tiverem que comer alguma coisa que lhes desagrada, pensem nos chinezinhos e no. . . arroz deles.

> *A esta altura, o texto contém duas contradições. Ou os chineses não gostam de arroz (e, por isso, devemos ter compaixão deles) e, neste caso, o texto mentiu, no começo, escondendo às crianças o fato de que populações inteiras estão (ou estavam) reduzidas a uma dieta de arroz, por razões econômicas. Ou então, os chinezinhos gostam mesmo de comer somente arroz e então por que pensar neles, quando devemos comer algo que nos desagrada?*
> *Por que não ajudar as crianças a compreender a variedade dos gostos? O fato é que o autor tem consciência de estar dizendo uma meia verdade e não sabe concluir o discurso coerentemente. No final, a criança fica com uma idéia imprecisa dos pequenos chineses, apresentados como entidades exóticas, fora do tempo.*

ALEMÃES TRAIDORES

(AV 5, LEB 3, MELO 5)

> *Estas três estórias são típicas da estranha ambivalência dos autores. A obediência aos preconceitos sociais comuns levaria à escolha de textos anti-alemães. Todavia, falar mal dos alemães lembraria demais a Resistência[8] e poderia ofender a sensibilidade de pais, diretores*

de escolas e professores. A solução, inconscientemente, foi elaborada assim: os alemães, mesmo quando SS, aparecem, freqüentemente, sob uma luz humana, como rapagões alegres que, quando muito, matam galinhas, mas gostam de crianças. Malvados, muito ferozes e dignos de ódio são, ao contrário, os austríacos, porque ser anti-austríaco não faz mal a ninguém. Assim, um dos livros publica um trecho extraído de "Il velocifero", de Luigi Santucci, que, tirado, assim, do seu contexto, aparece como uma horrorosa e truculenta representação da crueldade que reinou durante os cinco dias de Milão. Aqui, o austríaco aparece como vítima, mas é chamado "tudero" e a sua morte é tão horrível que provoca repugnância.

Podemos ressaltar, aliás, que se o livro todo fosse composto de leituras "maduras" desse tipo, a estória seria aceitável como um exemplo das torpezas da guerra. Contudo, no contexto geral, serve somente para sublinhar a estranheza do "estrangeiro", apresentado como um animal e não como um homem.

O ódio anti-austríaco difunde-se, depois, contra todos aqueles que, no Risorgimento[9], combateram contra a unidade da Itália. Assim, em outro livro, aparece uma estória de N. G. Crescenti, na qual dois heróicos jovens matam barbaramente um borbônico, que é apresentado como "barbudo miserável borbônico", falso e mentiroso, que finge estar morto, "bandido", até que "o largaram ali, morto, coberto de pâmpanos, a horrível cara contraída num esforço desesperado". Esse nojento borbônico é, obviamente, e nem poderia deixar de ser diferente, um compatriota napolitano ou siciliano, que os garibaldinos iam "libertar".

OS INDOLENTES LABORIOSOS (PO 4)

Este texto esconde uma interessante contradição que revela o racismo inconsciente do autor.

A população da Basilicata é mostrada como honesta e trabalhadora, mas as condições de subdesenvolvimento em que se encontra a região lhe são atribuídas ("a condição de extrema pobreza à qual a população tinha-se reduzido.") Isto é, o texto deve louvar a laboriosidade da população que emigra, mas não deve atribuir a nenhuma força social o seu subdesenvolvimento e, portanto, este é atribuído, indiretamente, à própria população.

Além das belezas naturais, a Basilicata tem, sobretudo, uma população séria, honesta, trabalhadora, inteligente que, no além-mar, elevando arranha-céus e trabalhando campos, afirmando-se em mil profissões, demonstra o que seria capaz de fazer, se as condições de sua região fossem melhores.

Alguma coisa em favor da Basilicata já foi feito, mas são necessários, ainda, muitos trabalhos de saneamento.

Recursos e produtos: grande parte da população foi forçada a emigrar para outros países, por causa das condições de extrema pobreza à qual tinha-se reduzido.

A ALEGRE GEOGRAFIA   (QUA 5, BG 5)

Estes dois textos, colocados um perto do outro, são muito curiosos. Como vemos, ambos explicam aos meninos o que é o Vietnã. Em segundo lugar (como veremos, também, para todos os textos dedicados ao fascismo), a fórmula usada para se sair bem é a mesma. Um texto repete o outro, sem que haja a mínima tentativa de inovação.

A vasta península indochinesa compreende sete estados independentes: Birmânia, Tailândia, Laos, Camboja, Vietnã do Norte, Vietnã do Sul, Malásia. Sua economia baseia-se, sobretudo, na agricultura, que produz arroz, milho, tabaco, açúcar.

. . .

A Indochina é a península mais articulada da Ásia. É dividida em sete estados independentes. A agricultura progrediu: a Indochina exporta uma grande quantidade de arroz. O país é, também, produtor de borracha e estanho.

QUAL CHINA?   (MN 5)

Um velho carrinho chinês, chamado riquixá, estava parado há mais de um mês, sem trabalhar, porque Cian-Gan, seu proprietário, estava doente. A família de Cian-Gan padecia a fome: o chefe da família, de fato, não podia trabalhar e os três filhos e a mulher não conseguiam ganhar dinheiro algum.

MAS HÁ UMA RAÇA ELEITA...   (LRE 5)

Descrição de Nazario Sauro.[10]

Naquele corpo forte, cheio de sangue vivo e rápido, naquela cabeça grossa e poderosa, naqueles olhos corajosíssimos fundia-se um pouco do espírito imortal que paira sobre os campos, sobre as montanhas e os mares da Itália e que a torna tão bela e forte, tão diferente dos outros países.

A BELA FAMÍLIA ITALIANA

Numa coletânea deste tipo não deveria haver lugar para um capítulo dedicado à família. De fato, nos livros didáticos é dada uma educação tendo em vista uma concepção saudável da família, quando se fala do trabalho, da pobreza, do dinheiro, da natureza e da pátria (a família como produção de heróis).

Todavia, aparecem, freqüentemente, páginas dedicadas à apresentação de núcleos familiares ideais. Esses núcleos se caracterizam, sempre, pela extrema mas decorosa pobreza, pela falta de alojamento e de alimentação, pela escravidão total da mulher, considerada um animal de carga, pela intensa felicidade que se segue a todas as condições precedentes.

A tarefa fundamental do livro didático parece ser fazer com que as crianças mais indigentes aceitem sua própria condição familiar. É neste sentido que os trechos que se seguem devem ser lidos. Para cada um deles, tentaremos extrair uma lista de "ensinamentos fundamentais".

COMO CUIDAR DO MEU FILHINHO　　　E. Sedini (NR 4)

Família da bordadeira. O trabalho é intenso, durante o dia inteiro, enquanto as meadas de fios coloridos espalhadas pela casa "davam uma sensação de rústica alegria". Apesar de todo o trabalho, a bordadeira consegue, também, cuidar da limpeza da casa, cuidar das crianças e as outras donas de casa perguntam-lhe, admiradas: "Ó Madalena, como é que você consegue fazer tudo sozinha?"

E ela respondia, sorrindo:

— Sei lá! Venham aqui e olhem como faço!

E quem entrava na casa via e compreendia. As crianças brincavam no quintalzinho. De vez em quando, uma delas chegava correndo:

— Mamãe, estou com fome!

Madalena olhava, pela janela, para o relógio do campanário e, se não era hora do almoço, respondia:

— É fome mentirosa. Abra a boca que ela sai correndo!

. . .

— Mamãe, estamos com frio! — gritavam às vezes todos juntos.
— Peguem a vassoura e espantem ele!
Então, as crianças pegavam na vassoura e pim, pam! varriam os cantos, as escadas e assim não sentiam mais frio.

A CASA FELIZ
R. Pezzani (NL 4, NR 4)

(título original)

Non son che due stanzette e una cucina
al quarto piano. Tre modesti ambienti
d'una casa tra un prato e un'officina,
voltati al sole che li fa ridenti.
Il babbo e mamma, un bimbo e una bambina
in quel guscio ci vivono contenti,
Mamma tiene tutto lustro e alla mattina
dà persino la cera ai pavimenti.
E quando il babbo torna dal cantiere,
e s'è lavato, e sieda a mensa, e taglia
il pane, e versa il vino nel bicchiere,
macchiando qualche volta la tovaglia,
oh, non c'è casa di ricco o di potente
che valga questa di povera gente!

São, apenas, dois quartinhos e uma cozinha
no quarto andar. Três modestos quartos
de uma casa entre um gramado e uma oficina,
voltados para o sol que os ilumina.
E pai e mãe, um menino e uma menina
naquela casca de noz vivem contentes.
A mamãe deixa tudo limpinho e de manhãzinha
até encera o chão.
E quando o papai volta da fábrica,
e toma seu banho, senta-se à mesa,
corta o pão e despeja o vinho no copo,
manchando, às vezes, a toalha,
oh, não há casa de rico ou poderoso
que seja tão valiosa quanto a dessa pobre gente!

Ensinamentos fundamentais: 1) Dois quartos e uma cozinha são suficientes para quatro pessoas; 2) a casa feliz está situada no subúrbio, entre um gramado e uma fábrica; 3) o papai operário mancha a toalha de vinho.

O ALEGRE INCESTO   R. Pezzani (NR 3)

Siete in sette; cinque fratelli
e la mamma e il papà,
dormite insieme come gli uccelli,
così felici che Dio lo sa,
E se sognate, sognate lavoro
e pane fresco di crosta d'oro.
Un pane bello, caldo, rotondo,
e così grande, più grande del mondo.

São sete pessoas: cinco irmãos,
o papai e a mamãe.
Dormem juntos como passarinhos,
tão felizes que só Deus o sabe.
E quando sonham, sonham um trabalho
e pão fresco, de crosta dourada.
Um pão bonito, quente, redondo
e muito grande, maior do que o próprio mundo.

*Ensinamentos fundamentais: 1) se sete pessoas dormem no mesmo
quarto (ou na mesma cama?) isto é bonito porque lembra pássaros;
2) a coisa mais bonita que uma pessoa possa sonhar é o pão fresco;
3) uma pessoa é feliz, mesmo quando lhe falta pão, de forma que
até sonha com ele à noite.*

O PAI INCONSCIENTE   G. Zucca (NR 3 e PELL 5)

Esta estória deve ter fascinado os autores de livros didáticos, pois
é encontrada em pelo menos dois deles. Trata-se de um pedreiro (evidentemente louco e inconsciente) que trabalha pendurado numa corda,
na altura do qüinquagésimo andar, mais ou menos. É um italiano que
trabalha nos Estados Unidos e que levou consigo o filho de quatro
anos, amarrado na cintura. Quando descem, as pessoas perguntam ao
menino se não estava com medo e ele diz que não, porque estava
com o papai. *No comment.*

A SUA FAMÍLIA   M. Fracchia (LEB 5)

*Este trecho merece ser reproduzido praticamente por inteiro, mes-
mo porque é extraído de um livro intitulado "Idéias e conselhos
para a redação".*

Nós somos uma família feliz: cinco pessoas que se adoram: o papai,
a mamãe, eu, a vovó, que tem setenta anos, faz tricô o dia todo e sem
óculos, e aquele moleque do Paulinho, que só tem quatro anos e inven-
ta uma porção de brincadeiras. O chefe da tribo (uma palavra de que

a mamãe gosta muito) é o papai: ele vai à prefeitura para as coisas importantes, na Previdência, para os remédios, paga a conta da mercearia e, ꓳuando trabalha à noite (ele trabalha numa fábrica de automóveis) passa a manhã toda na feira, fazendo compras. Depois, vem a minha mamãe, que tem cabelos pretos e espessos, presos na nuca e duas covinhas no rosto, que atraem mil beijos. É alta, forte (não tem medo de engordar): é uma mamãe muito bonita. A vovó, com um dente só e todos os cabelos brancos, é pequena como uma boneca. Não escuta mais nada, mesmo que eu usasse um alto-falante nos ouvidos dela. Está sempre sorrindo e faz tricô: meias, malhas, para mim, para o papai, para o Paulinho. Ri, não ouve nada e faz tricô...

O último é o Paulinho: quatro anos, não pára quieto dois minutos, possui dentinhos que, se mordem, deixam um sinal azul por dez minutos e uma cascata de porquês. Por que isso, por que aquilo.

Minha família chegou do Sul há dois anos. Antes morávamos fora da cidade, numa casinha que tinha servido de estábulo para as vacas. Todo mundo dava risada da gente, porque papai não falava italiano, falava somente nosso dialeto. Agora, moramos na cidade e nossa casa é um pequeno apartamento no último andar de um prédio. Há quem o chame de sótão, mas em casa bate tanto sol que até parece estarmos em Sorrento...

Quando o papai faz o turno da noite, o dia é mais tranqüilo. Agora que nos acostumamos (que dificuldades, no começo, especialmente no inverno, sem casaco e eu, com meu dialeto que ninguém compreendia...), a vida é bela... Papai e mamãe estão sempre cansados, mas sorridentes. O Paulinho é um inconsciente que morde o polegar o dia inteiro, mas nos distrai bastante. Papai olha para ele horas inteiras, pega-o nos braços, aperta-o contra o peito e murmura: — Temos que nos contentar. Louvemos a Deus.

Aos poucos, a saudade do nosso céu e do nosso mar está nos deixando. Aqui, também é muito bonito, apesar das chaminés que soltam fumaça e o céu que nunca está completamente azul.

> *Ensinamentos fundamentais: 1) a família feliz vem do Sul; 2) primeiro mora num estábulo; 3) agora mora num sótão; 4) falam um italiano incompreensível; 5) o máximo da alegria é quando o pai trabalha à noite; 6) no inverno não usam casaco; 7) as chaminés e o céu cinza são bonitos; 8) devemos nos contentar com o pouco que temos.*

A VIDA SIMPLES

I. Drago (NOI 5)

Amo la casa del contadino
con le zucche sopra il tetto;
prima abbaiando m'accoglie il cane,
quindi il padrone col fiasco del vino.

Casa patriarcale dove il pane
ha un sapore benedetto,
dove l'acqua si porta col secchio
e neanche la sposa indugia allo specchio.
Casa di sogno che pare un alveare,
dove a segnar le ore è l'ombra del sole,
dove si parlano poche parole
che intendono perfino gli animali.
Qui gli uomini non perdon mai le ali;
e quando a sera, stanchi del lavoro,
si riuniscono intorno al focolare,
viene il Signore e siede in mezzo a loro.

Amo a casa do camponês
com as abóboras sobre o telhado;
primeiro, recebe-me o cão, latindo,
depois, o dono, com o frasco de vinho.
Casa patriarcal, onde o pão
tem um sabor de bênção,
onde a água é carregada no balde
e onde nem a noiva se demora ao espelho.
Càsa de sonho, que parece uma colméia,
onde as horas são marcadas pela sombra do sol,
onde as palavras são poucas, que até os animais as
compreendem.
Aqui, os homens nunca perdem as asas;
e quando à noite, cansados de trabalhar,
eles se reúnem em volta da lareira,
o Senhor vem e senta-se no meio deles.

*Ensinamentos fundamentais: 1) os camponeses bebem vinho; 2) a
casa deles não tem água potável; 3) a mulher é um animal de carga,
que não tem tempo de ocupar-se com a sua pessoa; 4) não possuem
relógio; 5) falam uma linguagem miserável, composta de poucas inter-
jeições animalescas; 6) os camponeses nunca perdem as asas; 7) são
felizes e Deus vai passar a noite com eles.*

O FILHO DA CRIADA
A. Soffici (PM 2 CAV 2)

As mãos da mamãe são bonitas e boas. As mãos da mamãe são
laboriosas e acariciadoras. As mãos da mamãe são úteis e humildes,
amorosas e incansáveis. São úteis porque executam mil tarefas, humildes porque não recusam trabalho algum; incansáveis porque estão sempre ativas. Guiam e amparam, repreendem e acariciam, ensinam a beber e a comer, a ler e a escrever. E quando se aproximam das mãozi-
nhas das crianças, bem juntinhas, ensinam a rezar. As mãos da mamãe
são abençoadas por Deus.

ELE VIU O PAPAI
G. Marzetti Noventa (PAE 2)

O pai de Lívio trabalha nas minas de um país longínquo. A mãe também é operária. Assim, o pequeno fica sozinho em casa, à tarde. Estuda, escreve, brinca um pouco, mas as tardes são longas e acaba por aborrecer-se.

Drin... drin... Quem está tocando a campainha? É Marcos, um vizinho, seu colega na escola.

— Venha na minha casa — diz. — Na televisão estão falando alguns operários da mina onde trabalha seu pai.

Os dois meninos saem correndo pelas escadas e logo estão diante da televisão. Um jornalista está apresentando os mineiros italianos. Lívio não tira os olhos da televisão e treme. Talvez o papai apareça na tela, talvez não...

— Agora é a vez do mineiro Renato Checchi —, continua o jornalista.

— Papai, papai!! —, grita Lívio e fica lá, parado, de braços abertos, como se quisesse apertar seu pai nos braços.

— "Estou bem e espero voltar para casa logo — diz o pai de Lívio. — Comporte-se bem, Lívio!". Logo depois, a imagem querida desaparece, mas o pequeno está feliz: viu o papai na televisão.

Ensinamentos fundamentais: 1) os filhos dos mineiros, se quiserem ver seu pai, devem olhar a televisão; 2) se não tiverem televisão, o que é bem provável, usem a do amigo mais rico; 3) estas duas condições produzem a felicidade.

QUARTO ÚNICO PARA TRÊS
I. Schwarz (LIE 2)

La mia casetta ha due finestre sole,
— ma fiorite che sembrano un giardino.
Ci sono gerani, garofani, viole
e un pó di maggiorana e rosmarino!
E dentro è tutto lindo e tutto bello
e lustro come se lustrar la mamma.
Oh, com'è cara questa mia casetta
dove la mamma tutto il dì lavora,
dove la sera ognun di noi s'affretta
— e nell'essere insieme si ristora!

A minha casinha só tem duas janelas
— mas tão cheias de flores que mais parece um jardim.
Há gerânios, cravos, violetas
e um pouco de manjericão e alecrim!
E dentro está tudo tão limpo, belo
e lustroso, como só a mamãe sabe fazer.

Oh, como gosto da minha casinha
onde mamãe trabalha o dia inteiro,
para onde voltamos todos correndo, à noite
e só de estarmos juntos, descansamos.

A PRESENÇA DO PAI   D. Dini (PAE 2)

La mattina, e dormo ancòra,
sento un bacio sulla bocca,
e una mano che mi tocca,
e una voce che mi sfiora:
— Dormi, caro il mio tesoro! —
babbo parte pel lavoro.
E la sera addormentato,
sento un bacio sulla faccia,
e qualcuno che m'abbraccia,
e una voce come un fiato:
— Dormi, caro il mio tesoro! —
babbo torna dal lavoro.

De manhã, quando ainda estou dormindo,
sinto que alguém me beija,
me afaga com a mão
e uma voz murmura:
— Dorme, meu querido tesouro! —
É papai que sai para o trabalho.
E, à noite, quando já estou dormindo,
sinto alguém beijar meu rosto
e alguém que me abraça,
e uma voz que murmura:
— Dorme, meu bem! —
É papai que volta do trabalho.

*O ensinamento é contraditório: de um lado, procura-se acostumar a
criança a aceitar o fato de que nunca verá o pai, porque o horário
de trabalho deste não o permite. De outro lado, as duas ilustrações
da página mostram dois tipos de pais: um, bem vestido, com óculos,
tipo de jornalista, que escreve à máquina. O outro, sentado, indolen-
temente, perto da mãe, do filho e do avô, olhando a televisão. Portanto, a criança que nunca vê o pai é frustrada, uma vez mais, pelo
aviso de que há crianças que têm um pai visível e cuja companhia
se pode desfrutar.*

A AUSÊNCIA DE DEUS

Muitos livros didáticos estão cheios de religião. Também problemas que poderiam ser tratados mais facilmente, de um ponto de vista científico ou histórico recebem uma interpretação mística, com antropomorfismo das forças naturais e divinização das causas. A religião (como nota Paolo Cristofolini, no seu ensaio "Livros de Texto e Ideologia Burguesa") intervém, para qualificar como "santas", as guerras e para reintroduzir, sob a espécie de conto bíblico ou de lenda heróica, o tema da violência.

A religião divide o ano através dos tempos litúrgicos, saqueia os Evangelhos apócrifos, para atribuir lendas instrutivas a cada presença natural (da origem do pintassilgo ao porquê das alcachofras terem espinhos)... Poderíamos esperar nestes textos, portanto, a presença obsessiva de Deus ou, pelo menos, de Cristo, com Sua doutrina evangélica. Contudo, nada disso existe. Deus é o grande ausente destas páginas instrutivas para crianças. Muitos santos, várias Nossas Senhoras, anjos. Um mundo inteiro de espíritos puros e de objetos intermediários do culto povoam estas páginas, dando à religião uma aparência de repertório para calendários ou ocasiões para procissões.

A figura do santo, também, não é nunca apresentada no seu aspecto mais positivo e humano (dedicação aos seus semelhantes, espírito de sacrifício, função civil), mas de uma forma abstrata, enfeitada com promessas e frases virtuosas. Quando são atribuídas qualidades humanas interessantes ao santo, estas não são analisadas, mas apresentadas sob a denominação genérica de "bondade". São exemplo disso as três biografias de Santa Luzia, do Beato Contardo Ferrini e do Beato Domingos Savio, uma mais delirante do que a outra.

Não há traços da essência do cristianismo, a não ser nas fórmulas áridas do catecismo, citadas sem uma tentativa qualquer de explicação. Os texto didáticos, portanto, propagam uma religião para velhotas e padrezinhos abaixo dos quatro anos, mas não tentam, nem de longe, colocar a criança ante o problema religioso, ante a interpretação religiosa da existência. Ofensivos para o crente e para o ateu ou o agnóstico, estes textos, afinal de contas, trabalham mais em prol destes últimos do que para o primeiro, porque instilam na criança a indiferença em relação a uma atitude que é manifestada através de estorinhas ridículas.

LIÇÃO DE ESTÁTICA   L. F. (NR 4)

De narizinho para o ar e olhos para cima, Joãozinho olhava a torre da igreja.

— Você está vendo? —, explicou a Joãozinho seu amigo Jorge, mostrando o alto do campanário e os sinos.

— Os anjos da guarda vão para lá, quando estão sem trabalho.

— Sem trabalho?!... O que você quer dizer com isso?

— Quero dizer que, quando uma pessoa morre, seu anjo da guarda deve esperar um outro emprego, não acha? Enquanto isso, ele vai lá para cima.

> *A partir daquele dia, Joãozinho, bobinho e crédulo, procura descobrir anjos na torre da igreja. Por ocasião do primeiro funeral, sobe lá em cima e começa a andar de um lado para o outro, para ver se encontra algum anjo.*

Joãozinho vira-se de repente e corre, mas esquece-se do alçapão aberto, coloca um pé no buraco, perde o equilíbrio, procura agarrar-se às cordas dos sinos, dá um grito a cai do alto da torre.

> *O vigário, então, vai para Lourdes, para pedir a graça para o bobinho que, justamente, está com uma bela comoção cerebral. Na volta, o bom senso seria que o vigário lhe fizesse um sermão acerca da inutilidade de escalar torres à procura de anjos...*

Quando o bom vigário voltou de Lourdes, correu a visitar o menino e encontrou-o sentado na cama, muito alegre.

— Meu menino —, disse o vigário, abraçando-o. — Devemos agradecer a Nossa Senhora. Desta vez, você foi mesmo imprudente e nós passamos dias terríveis.

— Eu queria ver os anjos...

— Os anjos?

— Sim, na torre da igreja... mas não era verdade. Agora sei que os anjos da guarda, quando estão sem trabalho, voam para o céu e lá ficam. Lá em cima no céu, é muito bonito, não é?

— Sim, lá em cima é muito mais bonito... — murmura o vigário, com a voz embargada pela emoção, beijando na testa seu paroquianozinho.

> *Conhecendo Joãozinho, podemos deduzir que, encorajado pelo vigário, da próxima vez, tentará voar agarrado a uma pipa.*

A SESSÃO ESPÍRITA (NR 4)

Se il giorno dei morti
c'è il sole,
fan festa anche i morti.
Intenti,
assorti,
ascoltano il pianto
dei vivi.
Ma quando è vicina la sera
(e i vivi stan per partire)
son essi che piangono,
piano,
per non farsi sentire.

Se no dia de Finados
há sol,
os mortos também festejam.
Atentos, absortos,
escutam o pranto dos vivos.
Mas quando se aproxima a noite
(e os vivos se preparam para ir embora)
são os mortos que choram, baixinho,
para que ninguém os ouça.

SANTA LUZIA MÁRTIR SEGUNDO SADE (MMP 4)

A jovem siracusana foi conduzida à frente do cônsul Pescasio, o qual queria forçá-la a abandonar a fé. Ele a entregou a homens malvados, que não conseguiram, de forma alguma, tirá-la do lugar em que a mantinha a força de Deus, ainda que para isso usassem cordas e muitos pares de bois. Tentaram martirizá-la com piche, com resina e azeite fervendo, mas ela sempre saiu ilesa, até que Deus permitiu que, ferida na garganta por uma espada, ela morresse mártir.

Santa Luzia é considerada protetora da vista. Em muitos lugares da Itália (Verona, Cremona) Santa Luzia é a personagem que, todos os anos, leva presentes para as crianças, no dia de Reis.

BREVES APONTAMENTOS SOBRE O UNIVERSO (QUA 5)

* *Deus criou somente o que há de material no mundo?*
Deus não criou apenas o que há de material no mundo, mas, também, os puros espíritos e cria a alma dos homens.
* *Quem são os puros espíritos?*
São seres inteligentes que não possuem corpo.
* *Quem são os anjos?*

Os anjos são os ministros invisíveis de Deus e também nossos guardiães, pois Deus confiou a cada um deles um homem.

* *Quem são os demônios?*

Os demônios são anjos que se rebelaram contra Deus, por orgulho, e que se precipitaram no Inferno; como odeiam Deus, tentam o homem para que este pratique o mal.

O CATÁLOGO DE PLAYBOY (PO 4)

Você conhece a estória de Maria Goretti? Um homem mau queria abusar do seu corpo e pretendia que a pequena santa cometesse ações que ninguém jamais cometeria diante dos pais ou diante do seu anjo da guarda. Maria quis conservar-se pura e preferiu morrer.

Que exemplo para você! Ame, você também, a modéstia e aprenda a ser santa também no corpo!

Quem não usa bem o seu corpo, quem comete atos que não teria coragem de contar à mamãe, contra si ou contra os outros, é imodesto e impuro. E impuro é, também, quem usa seus olhos para olhar revistas ou filmes obscenos; quem usa a língua para contar coisas sujas; quem usa a inteligência para pensar coisas que envergonham. Os olhos, a língua, a inteligência são dons de Deus: saiba usá-los apenas para Ele.

AQUELES QUE O RODEAVAM GOZAVAM (GA 5)

BEATO CONTARDO FERRINI. É um santo de calças. Poderíamos, também, colocar perto dele a picareta e os sapatos de montanha, porque ele gostava muito de alpinismo.

Era um professor universitário, mas bondoso, simples e inocente como uma criança[1]. Entre seus colegas, havia alguns que não toleravam isso e o chamavam de carola, mas ele respondia:

— Justamente porque rezo não perco tempo, dinheiro e saúde, como vocês, nos vícios[2] e escrevi o que vocês não escreveram.

De fato, este santo professor deixou muitos livros, ainda hoje muito úteis aos estudantes. Contudo, não tinha nada de exagerado[3]. Aqueles que o rodeavam, especialmente nos passeios pelas montanhas, usufruíam de seus ensinamentos, porque sabia alegrar os outros e interessá-los nas inúmeras coisas que conhecia.

Alguém disse que, quando as pessoas estavam perto dele, sentiam o desejo de tornar-se melhores.

1. *Como sabemos, os outros professores universitários são malvados e corruptos.*
2. *É conhecida, de fato, a propensão pelas mulheres e pelo jogo, dos viciosos professores de sânscrito.*
3. *Como os outros, que também escrevem livros úteis aos estudantes.*

UMA SORTE QUE VOCÊS TAMBÉM PODERIAM TER
(GA 5)

Dom Bosco não deixou que lho dissessem duas vezes. Com o consentimento dos pais, Domingos Savio foi levado para Turim, ao Oratório Salesiano e, em menos de três anos, tornou-se santo.

O segredo para tornar-se santo em tão pouco tempo foi este: "Os meus amigos são Jesus e Maria. A morte, mas não os pecados." No dia 9 de março de 1857 Domingos Savio morreu feliz por ter mantido sua promessa: tinha quinze anos.

NOÇÕES ECLESIÁSTICAS
(CN 2)

— Claro! Queremos saber o que é um vigário.

— Bem, um pouco como o papai e como um pastor.

— E onde ficam as ovelhas? —, pergunta Zezinho.

— Vocês são as ovelhas, vocês e todos os paroquianos. O vigário deve guiar todos na direção de Deus.

— E como faz isto?

— Diz a missa, batiza, confessa, comunga, reza, ensina o catecismo.

— E distribui balas, também! —, gritam aqueles moleques. O bom vigário ri, depois abre devagarinho a gaveta maior da sua escrivaninha.

COM FUROS

Enquanto andava, um homem falava com seus botões.

— Bem — dizia — ninguém é mais pobre do que eu. Tinha um chapéu e o vento o arrancou. Tinha um bastão e tive de queimá-lo para fazer um pouco de fogo. Tinha uma tigela e o rio a levou. Só tenho minhas mãos para pegar um pouco de água para beber. Há no mundo alguém mais pobre do que eu?

— Eu, irmão!

O homem virou-se e viu diante de si Deus, em hábito de peregrino.

— Sou mais pobre do que você. Se tiver sede, você pode pegar água com as mãos. Eu não, porque elas foram transpassadas.

PARAPSICOLOGIA DA CRIATIVIDADE ARTÍSTICA
G. Rigotti (ROSE 5)

Renato vive infeliz, varrendo noite e dia uma vidraçaria, em Veneza. Um dia, cai doente e em sonho aparece-lhe Nossa Senhora, que lhe mostra um molde, ideal para fazer uma estatueta religiosa de vidro. Desde aquele dia, Renato começa a trabalhar para fazer um molde igual àquele que sonhou e torna-se o mais prestigiado escultor de Nossas Senhoras de toda Murano!

Mais tarde, com vinte anos, as grandes fábricas de vidro de Murano oferecem-lhe um contrato e Renato vai trabalhar em Veneza, perto de sua boa mãe, que o havia educado no culto de Deus e de Nossa Senhora, a qual nunca abandona quem sinceramente a ela se dirige e lhe pede ajuda.

COMO DEIXAR NOSSA SENHORA FELIZ (NL 2)

Em frente de uma imagem de Nossa Senhora, havia as mais belas flores. E a rosa dizia:

"Eu não sou só a mais bonita, mas também tenho o perfume mais delicioso. Certamente, Nossa Senhora gosta mais de mim do que das outras flores."

Dizia o cravo:

"Eu sou como uma jóia e meu perfume é tão forte que cobre o seu. Nossa Senhora, com certeza, ama mais a mim do que a vocês."

Dizia a margarida:

"Marfim e ouro: para ter valor, eu não preciso de perfume."

Sob a capela, uma menina descalça e de roupas rasgadas dividia seu pão com outra menina, ainda mais pobre e maltrapilha. Nossa Senhora baixou a cabeça. Uma voz parecia dizer:

"Esta é a flor mais bela!"

ETHICA MORE GEOMETRICO DEMONSTRATA (MM 5)

A humanidade, ainda criança, gozava no paraíso terrestre, de extraordinários privilégios. *Não sentia inclinação para o mal.* Trabalhava sem sentir cansaço. Dominava os animais e *as forças que a rodeavam.* Sentia-se em paz com Deus e com Ele conversava. Não estava submetida à dor e teria passado da vida terrestre à vida no céu, *com um simples sono,* sem enfrentar a escuridão da morte.

Contudo, este estado de felicidade terminou com o pecado da soberba e da desobediência. A humanidade foi expulsa do paraíso terrestre. Começou a provar a dor e a ter medo das forças naturais. Para ganhar a vida, teve de submeter-se a trabalhos esfalfantes, nos climas mais hostis. Teve de enfrentar as doenças e a morte. Mas, o que foi pior, foi tomada de uma forte inclinação pela maldade. A vida tornou-se penosa sobre a terra. A humanidade sentia-se infeliz, transtornada pelas paixões.

Ao pecado de Caim seguiram-se as discórdias e as guerras, inclusive as guerras que houve nos tempos modernos e aquelas que ainda hoje se travam.

Ao pecado de Caim seguiram-se os enganos e as injustiças: furtos e violências, opressão contra os trabalhadores, abandono de doentes e de velhos, odiosas tiranias contra os povos.

Ao pecado de Caim, seguiram-se as blasfêmias, as lutas contra Deus e as falsas religiões; seguiram-se, também, o abuso do corpo, a corrupção da vida, a desagregação da família.

Ao pecado de Adão, Eva e de Caim, seu filho, seguiram-se, também, meu caro amigo, os seus defeitos e aqueles dos seus colegas: estudar e rezar sem vontade, brigar e ser delator, humilhar os menores e muitas outras molecagens.

VAGA-LUMES POR LANTERNAS L. Capece (PAE 4)

Nesta estorinha são explicadas as razões científicas da luminosidade dos vaga-lumes. Os mosquitos incomodam Jesus e sua mãe e, então, o Menino Jesus fecha-os no seu "belo manto". Contudo, os mosquitos aprisionados estão tristes e Jesus, para consolá-los, dá-lhes a luminosidade que, como todos sabemos, diferencia os vaga-lumes dos mosquitos. Os vaga-lumes, então, formam uma coroa de ouro envolvendo a cabeça de Jesus.

A EDUCAÇÃO CÍVICA

Os princípios da educação cívica estão entre os mais fáceis de ensinar, até para uma criança do primeiro ano. Eles não necessitam de conhecimentos preexistentes e todos dizem respeito a experiências concretas da criança. O fenômeno da convivência e os princípios da solidariedade social fazem parte da vida diária da criança, desde a viagem de ônibus ao contato com o colega de classe, que pede emprestado o lápis. A própria vida familiar é uma contínua ocasião para experimentar o que significam, da forma real, autoridade e obediência, função positiva ou negativa de determinadas proibições, valor da colaboração, etc. etc.

Partindo destas experiências diárias, a criança poderia ser, facilmente, iniciada nos conceitos de liberdade, Estado, legitimidade dos poderes, solidariedade, respeito ao próximo...

Contudo, nestes textos, está ausente qualquer tentativa de educação cívica, se não quisermos considerar como tal as contínuas exortações para amar e socorrer os pobres (não é educação cívica amar os pobres: é educação cívica compreender quem e o que produz a pobreza e de que forma o pequeno cidadão poderá fazê-la cessar).

Veremos, no capítulo dedicado ao fascismo e à história recente, a pobreza de imaginação dessas páginas, onde é citada a República, representada como um acontecimento histórico longínquo, nunca como uma realidade que os pequenos leitores, uma vez adultos, deverão administrar.

O prefeito aparece como o bom pai de todos, mas jamais é mencionado o fato de que somos nós que o elegemos. Em lugar disso, ele é visto, sobretudo, como uma fonte de autoridade, a quem devemos obediência, juntamente com o bispo, o padre e os pais.

A identificação dos superiores com os pais reflete a tentativa constante de dar uma vida biológica à autoridade (mais uma vez, os fenômenos sociais são apresentados como fatos naturais e impossíveis de serem modificados).

Considerado juntamente com os capítulos sobre os pobres, sobre o trabalho, sobre a caridade, este capítulo sobre a vida cívica confirma nossa idéia de que os livros didáticos examinados fazem parte de um projeto educacional que tem por meta produzir cidadãos passivos, capazes de obedecer e não de discutir as leis e os homens que foram eleitos para administrá-las, totalmente ignorantes a respeito de seus mais elementares direitos.

Nada, quase, é dedicado à Constituição. A pátria é apresentada como uma Nossa Senhora, mas a Constituição, pelo menos, deveria ser apresentada (já que é necessário antropomorfizar tudo) como uma vovó ou um bom cão de guarda. Ao contrário, nem é citada.

O fato de a Itália ser uma república nunca é contraposto às dezenas de reis e de príncipes que povoam as lendas e os apólogos que recheiam essas páginas. A criança ouve histórias a respeito de reis e de príncipes, mas nunca lhe é explicado o que seja um rei e qual é a diferença entre o rei e o prefeito, por exemplo, uma vez que ambos suportam o árduo peso dos ensinamentos virtuosos que devem veicular.

Dentre os muitos elementos de deseducação cívica que povoam estes livros, podemos assinalar a ausência, ao lado da palavra "dever" (repetidamente pronunciada e ilustrada por lânguidos exemplos), da palavra "direito". Os livros todos refletem um universo anterior à Revolução Francesa de 1789.

Mesmo o exército nunca é apresentado como guardião da paz e lugar de encontros e experiências para os cidadãos que, um dia, dele farão parte (e que são, justamente, nossos pequenos leitores). O exército só aparece na guerra e, possivelmente, no contexto de horríveis carnificinas (v. o capítulo "O Herói e a Pátria"). Portanto, os livros não preparam pequenos e honestos soldados, mas pequenos mártires.

Quanto aos elementos menores da educação cívica (disciplina de trânsito, pronto-socorro, normas de higiene e de limpeza urbana), quando são abordados, o são de uma forma anormal (ver as estórias sobre a mordida da cobra e aquela da briga de dois motoristas). Quanto ao resto, são citados exemplos de heroísmo cívico (ferroviário que salva uma criança, etc.), sempre com o tom pomposo e heróico do ato bélico, de forma que a criança adquire a consciência de que poderá ser útil aos outros apenas em circunstâncias excepcionais e jamais na vida cotidiana.

Falta mencionar ainda toda uma série de estórias do tipo daquela em que a professora anda sobre o gelo, para alcançar a escola, ou em que os meninos carregam o colega doente nos ombros e assim por diante.

Este tipo de estória refere-se, sempre, a episódios excepcionais, nos quais a colaboração cívica supre uma carência da administração pública. Individualizado o drama, a colaboração cívica é indicada como a única maneira de resolver o problema e, assim, a criança não se acostuma a refletir sobre o direito político e os meios democráticos que teria à sua disposição para resolver tais problemas. Desta forma, *a colaboração cívica, também, pode ser enquadrada no campo da caridade e sai da história e da realidade civil e social, para colocar-se no céu dos valores eternos, os únicos dignos de confiança.*

O SENTIDO DE ESTADO   G. Ajmone (PM 3)

La Patria è come la mamma
che ti portò sui ginocchi:
la specchi nel fondo degli occhi,
la celi nel cuore: una fiamma,
un foco vivo d'amore.

A Pátria é como a mamãe
que carregou você no colo:
ela se espelha em seus olhos,
está sempre dentro do seu coração: uma chama,
um fogo vivo de amor.

O QUE É A REPÚBLICA   D. Volpi (AV 5)

Nos feriados, Roma cochila até mais tarde, mas, no dia 2 de junho, isto não acontece. Os romanos saem pelas ruas de manhãzinha e dirigem-se todos para o mesmo lugar: o percurso do grande desfile militar que, com a presença do Chefe do Estado, celebra a festa da República.

. . .

É um rio de ferro, de uniformes, de armas e de soldados enfileirados numa ordem perfeita...

. . .

Passam os tanques gigantescos, os carros *para o transporte das tropas mesmo através a nuvem de uma explosão atômica*, os canhões enormes, as ágeis e velozes companhias de assalto...

A NOITE EM QUE DANCEI COM
O PRÍNCIPE   R. Ammannati (NR 3)

. . .

O guarda perfila-se rigidamente, os jovens olham espantados.
— Ah, o prefeito! —, murmuram todos.

— Sim, sou eu mesmo e estou aqui para falar com vocês. Vamos, meus filhos! E, enquanto sobem as amplas escadarias de mármore, o prefeito acrescenta:

— O prefeito é como o pai de todos os cidadãos. E vocês, quem são? São cidadãos. Portanto, vocês também têm todo o direito de ficar um pouco com o seu papai-prefeito, não é mesmo?

Os jovens sorriem e olham para ele, encantados.

O ESTADO ITALIANO E A DIVISÃO DOS PODERES (PO 4)

Os superiores, também, são representantes de Deus. Deus colocou-os perto de você, para que você se torne um bom cristão e um bom cidadão. Eles são:

O Papa, vigário de Jesus na terra, que ama muito as crianças e que indica a todos os homens o caminho para a salvação.

O Bispo da sua Diocese, sucessor dos Apóstolos, que guia o rebanho que lhe foi confiado e organiza, com belos programas, a sua vida e a dos seus companheiros.

Os sacerdotes e, especialmente, o seu vigário, que batizou você, que lhe ensinou as verdades da fé, lhe deu a Eucaristia, que ajuda você a praticar o bem.

O Presidente da República, os senadores, os deputados, o prefeito, que providenciam, através de leis e iniciativas, o progresso da liberdade na nossa nação.

A LIBERDADE (COP 3)

> *Neste texto, procura-se ministrar alguns conceitos fundamentais que estão faltando nos outros textos. A falta de espaço, o medo de que as crianças não compreendam ou que compreendam demais, todavia, impede que esses conceitos sejam corretamente desenvolvidos e isto faz com que eles permaneçam, substancialmente, ambíguos.*
> *Desta forma, a definição dada, aqui, de liberdade, resume-se no dístico "liberdade mas não permissividade" e deixa de lado a distinção entre liberdade formal e liberdade substancial, entre liberdade de querer e liberdade de poder fazer alguma coisa.*

Nós aprendemos com os gregos a amar a liberdade, isto é, a possibilidade de se fazer tudo o que se quer, mas sem esquecermos de não perturbar os outros.

Dissemos que o homem é, pela sua natureza, um ser sociável. Portanto, *a liberdade de cada um tem um limite: o de não prejudicar, não incomodar, não espezinhar a liberdade dos outros.*

Eu tenho o direito de andar livremente, de viver e de ser respeitado; os outros têm o dever de deixar-me seguir meu caminho, de deixar-me viver em paz e de respeitar-me. Os mesmos deveres que os outros têm em relação a mim, eu os tenho em relação a eles. Não há direito sem dever. Direito e dever são como as duas faces de uma mesma moeda.

O que aconteceria com o seu direito à vida, no dia em que o seu inimigo esquecesse o dever que ele tem de não atentar contra a sua vida? Somos livres, mas nossa liberdade termina quando nossas ações prejudicam a liberdade dos outros. Você é livre de jogar bola, mas se a bola quebrar a vidraça do vizinho, já não é mais liberdade o que você está exercendo, mas permissividade e deve cessar.

NÃO FAÇAM DUELOS (QUA 5)

O texto refere-se ao mandamento "Não matarás" e estende-se demais sobre os perigos do duelo, que, como sabemos, é uma mania dos alunos da quinta série. Por outro lado, passa por cima de problemas das brigas e das pancadas (que, sem sombra de dúvida, estão muito mais próximas da experiência das crianças) e não leva o tema da violência física até aos grandes problemas da vida contemporânea, como a intolerância, o genocídio, a guerra. Em compensação, adverte, como se verá, que matar um nosso semelhante é, no final das contas, menos grave do que dar-lhe "Playboy" para ler...

Se é pecado ocasionar a morte, ou, de qualquer forma, danificar a vida física dos nossos semelhantes, pecado mais grave é o de tirar ou corromper com maus exemplos e ensinamentos, a vida das almas, induzindo-as a cometer pecados. Esta culpa chama-se *escândalo* e é tão grave que Jesus disse: "Ai daqueles que são culpados de escândalo: seria melhor, para eles, que fossem jogados no fundo do mar, com uma pedra amarrada ao pescoço".

COMO OS PÁSSAROS
(título original) G. Marzetti Noventa (NR 3)

O enganador título deste conto leva à estória de uma mulher que tenta passar a fronteira sem passaporte, para visitar seus filhos que trabalham na Suíça. Ao contrário dos pássaros, ela não pode passar. Vem das montanhas dos Abruzzi e nem de longe sabe o que significa um passaporte. O conto adverte que, um dia, ainda hão de existir os Estados Unidos da Europa e que todos poderão ir para onde quiserem; mas, por enquanto, a velhinha volta para casa. Esta mesma nota positiva (abolição das fronteiras) é colocada num contexto tão abstrato que adquire também o mesmo tom irreal de todo o resto. Também a imagem que ilustra o conto faz pensar numa velhinha que, sozinha, escalou os Alpes, para apresentar-se, enrolada num simples chale, ao mais longínquo posto de fronteira, a três mil metros de altitude. Ninguém avisa as crianças de que a fronteira passa também por Chivasso[11] e ninguém, inclusive o guarda da alfândega que aparece no conto e que, evidentemente, é um idiota, avisa a velhinha de que, para ir à Suíça, é suficiente a carteira de identidade.

O ASTUTO ESPECTADOR DE TV   A. Fraccaroli (PV 4)

O protagonista desta estória afirma realizar viagens maravilhosas, sentado junto ao seu rádio, que lhe abre todos os caminhos do mundo. A ilustração o mostra quando, com uma expressão imbecil, está fumando, junto ao seu rádio. O desenhista não consegue deixar de evocar uma atmosfera de 1935. Em todo caso, o astuto espectador possui, também, uma sua filosofia:

Ao contrário, no rádio ou em frente à TV, quando uma coisa não me agrada, tac, eu corto a palavra ao orador, por mais ilustre que ele seja, silencio os cantores, mesmo os mais famosos e faço calar a mais poderosa das orquestras. Não tenho medo de ninguém e ninguém protesta. O rádio e a TV criaram a independência do ouvinte.

PRONTO-SOCORRO   (CAV 2)

Comovedora novela de uma mulher cujo filhinho foi picado por uma cobra, enquanto excursionavam pelas montanhas. A mulher corre como uma louca pelos montes, até conseguir encontrar um médico. A criança é salva no último instante. Eis uma ótima ocasião que foi perdida para explicar às crianças o que deve ser feito logo, em casos de mordidas de cobras, em lugar de saírem correndo como loucos procurando o mais próximo pronto-socorro.

AGOSTINHO O BIRUTA   I. Ambrosini (SCIA 5)

Eu sou o dono e não o motor.

Eu, que voei sobre as grandes rodovias do Piemonte a uma velocidade de cento e oitenta quilômetros por hora, vendo ao longe as pessoas que fugiam pelas encostas, apavoradas pelo rugir do motor, adoro, no início da primavera, parar preguiçosamente debaixo de um caramanchão e perder-me em devaneios, deitado de costas sobre a relva. Não sou escravo do culto da velocidade e do barulho.

O BOM SERVIDOR   I. Ambrosini (NOI 5)

Este pequeno conto constitui um modelo de educação para o servilismo, embora isto esteja escondido sob as aparências de uma polêmica contra o apadrinhamento. O chefe precisa contratar um novo ajudante e rejeita todos aqueles que se apresentam munidos de uma carta de apresentação. Contrata um jovem que não foi recomendado por ninguém. Por que?

O comerciante responde:

— Este moço recomendou-se bastante bem sozinho. Em primeiro lugar, antes de entrar, limpou os sapatos no capacho e fechou a porta. Depois, tirou o chapéu e ficou com ele na mão, ao passo que os outros levantavam a aba com dois dedos e ficavam com ele na cabeça o tempo todo. E isto demonstra que o rapaz é bem educado e respeitoso. Respondeu sempre em bom italiano e de forma clara e pronta às minhas perguntas, demonstrando, assim, ter boa instrução, uma inteligência aberta e ânimo franco. Levantou do chão e colocou sobre a escrivaninha o livro que eu, de propósito, deixara no chão, enquanto os outros, apesar de olhá-lo, não tiveram a idéia de pegá-lo do chão. Isto prova que o jovem é ordeiro. Além do mais, notei que tinha uma roupa remendada, mas sem manchas, estava bem penteado, com o rosto e as mãos limpas.

OS PEQUENOS CONSUMIDORES   (CAV 2)

Uma senhora mostra às amigas o belíssimo piso de sua casa.

Quando as amigas iam visitá-la, perguntavam:
— Que cera você usa para ter um piso tão lustroso?

Ela dizia o nome da cera e da loja onde a comprava. E as amigas, também, graças àquela cera, puderam ter pisos tão belos quanto os dela.

E O PREFEITO, O QUE FAZ?   Giuseppe Rossi (TL 4)

A ponte que leva à escola, um belo dia, cai. Nicolau, que é forte e bom, leva nos ombros os colegas. Pela sua bondade, recebe do prefeito um prêmio, na Prefeitura. Nicolau atravessou os colegas durante um ano. A estória não conta porque o prefeito não mandou consertar a ponte.

COMO CRIANÇAS   (TL 4)

Uma outra estória, no mesmo livro, isenta as autoridades públicas de qualquer responsabilidade pelas calamidades públicas. Descreve a inundação de Florença em 1967.

— Sabe como é —, me diz um florentino. — Os rios são como as crianças. Às vezes, não conseguem se segurar. — Há, na sua voz, o tom bonachão e sem rancor de um pai que justifica as molecagens do filho.

E SE NÃO FOSSEM ALPINOS?[12]   (MN 3)

Por causa de uma ultrapassagem, o senhor Azzurrini e o senhor Rossi estão brigando ferozmente e chegam quase a ponto de sacarem uma arma. Contudo, de repente, reconhecem-se como dois velhos soldados reformados do corpo dos alpinos e tudo termina com os dois sentados a uma mesa, bebendo e cantando hinos da montanha. O conto deixa entrever que, se os dois não fossem alpinos, poderiam ter-se esfaqueado sem problemas. Eis uma ocasião perdida para fazer refletir as crianças sobre como o bom comportamento automobilístico é um dever cívico de todos, mesmo para os soldados reformados.

E OS PROTESTANTES?   (QUA 5)

A sua família mora na cidade de........, uma das muitas cidades do Estado italiano. Nesta cidade, você nasceu...... anos atrás.

Seus pais são cidadãos italianos e professam a religião católica; portanto, alguns dias depois do seu nascimento, fizeram o registro no cartório civil e o batizaram.

A partir desse momento, você se tornou italiano e católico, com direitos e deveres iguais àqueles dos outros cidadãos.

O CIDADÃO DA MAMÃE   A. Cuman Pertile (QUA 5)

A poesia que segue está na seção de "Educação cívica" de um texto para alunos do quinto ano.

Saper volete di chi sono io?
Son della mamma, del babbo mio.
Ecco, vedete questa gambina?
È tutta, tutta della mammina;
invece l'altra, eccola qua,
è proprio tutta del mio papà.
Così le braccia, così gli occhietti,
le paroline e i sorrisetti
sono divisi tutti a metà
fra la mia mamma e il mio papà.
Non può nessuno portarmi via,
io son del babbo, di mamma mia.

Querem saber a quem eu pertenço?
Sou da mamãe e do meu papai.
Pois bem, estão vendo esta perninha?
Ela é da mamãe, toda, todinha.
E a outra, ei-la aqui.
Ela é toda, todinha do papai.
E assim os braços, assim os olhinhos,
as palavras e os sorrizinhos
são divididos todos por dois.

entre o papai e a mamãe.
Ninguém pode me levar embora,
eu sou do pai e da minha mamãe.

QUAL É A SUA TRIBO? (QUA 5)

A primeira sociedade foi a *família*. Várias famílias formam a *tribo*. Várias tribos formam a *aldeia*. Muitas aldeias formam a *cidade* e, estas, o *Estado*, isto é, um povo, organizado num território, com as suas leis e um *SOBERANO*.

Lembre-se que o seu Estado é a *ITÁLIA*.

P.S.: *Onde está o rei?*

OS MENORES QUE TRABALHAM

O universo dos textos escolares é dominado pelo trabalho dos menores. Pequenos jornaleiros, ferreiros de calças curtas, mineiros de onze anos, alegres carregadores, sapateiros tagarelas que cortam os dedos puxando os barbantes... A norma constitucional e as leis para os menores que trabalham estão ausentes destas páginas. Não somente nada é feito para educar as crianças na defesa dos seus direitos, mas o fato de que elas podem e devem trabalhar é exaltado. Os textos parecem escritos por pequenas vendedoras de fósforos, para pequenos limpadores de chaminés, sendo as mãos sujas uma condição necessária e suficiente para se ter um coração de ouro.

É PRECISO TER PACIÊNCIA   G. Fanciulli (NR 4)

— Quando comecei a trabalhar para Bista, o sapateiro —, dizia Dario ao seu amigo Nando —, pensei que iam me ensinar a fazer sapatos.

— Desculpe — interrompeu Nando — mas não é isso que você faz?

— Deixe contar... — continuou Dario. — Um dia desses, farei sapatos também. No começo, fui encarregado de puxar os barbantes, o que era muito maçante, porque se a gente faz isso sem cuidado, pode cortar os dedos... Depois, ensinaram-me a bater o couro e somente ontem me mandaram costurar um remendo.

. . .

Estava justamente passando por lá o senhor Venâncio, que ouviu a conversa dos dois rapazes e disse sorrindo:

— É assim mesmo que se aprende, uma coisa de cada vez. E para aprender bem, é preciso ter paciência.

RENATO É FELIZ

G. Loliro (NR 3)

— Jornais! Olha o jornal! As últimas notícias!

Quem é que grita assim pelas ruas da cidade? É o pequeno Renato, o jornaleiro. Assim que termina de almoçar, corre para a gráfica e de lá sai com um enorme pacote de jornais, que coloca em cima da bicicleta. E começa a sua volta, gritando a plenos pulmões:

— Jornais!... Edição da tarde... Jornaaiiis!...

Que diabinho! Todos o conhecem e Renato é feliz.

MAGRO E ALEGRE

E. C. Camillucci (NR 3)

A aurora ilumina de leve a neblina úmida e fria e já a campainha toca. É o amigo leiteiro que me traz o leite. Corro e vou abrir a porta. Ele me cumprimenta e sorri alegre. Tem onze anos: é pequeno, magro, esperto.

COMO NOS TEMPOS DE DICKENS

I. Ugolini (AV 4)

Turi, de dezesseis anos e Saro, de treze anos, eram muito amigos, quase como irmãos. Trabalhavam juntos na parte mais profunda da enxofreira. Trabalhavam duramente dez horas por dia.

O BOBINHO!

D. Duranti (CAV 2)

Ficamos amigos, falamos do netinho dele.

— Ele também vai ser ferreiro? — pergunto.

Ele sacode a cabeça:

— De jeito nenhum! Ele quer ser engenheiro, infelizmente. A profissão de ferreiro é tão bela e tão útil!

ELE TAMBÉM É FELIZ

(TL 4)

— Bem, achei um emprego, finalmente. Durante a tarde, eu ajudava o senhor Aristides a levar as encomendas aos clientes. Por isso eu saía sempre tão depressa.

— Que menino querido você é! Não devia... Eu... eu... estou sem palavras! — A boa mulher enxugou os olhos marejados de lágrimas e abraçou o netinho.

Finalmente, depois de tantos dias tristes, Guido sentiu-se completamente feliz.

UM PRESENTE DESAGRADÁVEL   P. Boranga (PAE 2)

A menina está chorando porque ganhou uma vassoura de presente de aniversário.

— Por que chora? — pergunta-lhe a professora. — Você está triste porque ganhou de presente uma vassoura? Não sabe que ela é preciosa? Podemos passar sem bonecas e sem brinquedos, mas sem a vassoura, não. Sua mãe teve uma idéia formidável. Procure, isto sim, não deixar descansar nunca a sua vassoura, assim sua casa estará sempre limpa e bonita.

A menina sorri, encorajada por essas palavras. Levanta a cabeça, olha para a professora e depois olha para as coleguinhas, que não estão mais rindo.

COMO TORNAR-SE PRESIDENTE   L. Fiorentini (PAE 3)

Um rapaz, com sete irmãos, filho de um pedreiro, está procurando emprego, mas não é aceito na oficina onde se tinha apresentado. Ao passar pelo pátio, na saída, pega do chão um alfinete. E quem o está observando através de uma janela? O dono da oficina, que o chama de volta...

— O que achou no chão? — pergunta o patrão.

— Um alfinete — responde o rapaz.

— Então, vou procurar um trabalho para você — diz o patrão — porque quem aprecia as pequenas coisas, sabe vencer na vida.

E aquele pobre rapaz, quando adulto, tornou-se, de fato, um dos maiores industriais dos Estados Unidos.

A HISTÓRIA NACIONAL

Raras e inexatas são as noções sobre o passado distante. Mentirosas e incompletas são aquelas dadas sobre o período que vai do fascismo à Resistência. De cunho racista, aquelas que dizem respeito à epopéia colonial.

Um único elemento vem em auxílio de quem — como nós — pretende tentar uma breve e suculenta antologia: cada texto repete praticamente as fórmulas de um outro texto e, assim, podemos jogar com uma combinação muito restrita. Surge, naturalmente, o porquê de tanta preguiça, quando seria mais fácil, talvez, fazer um breve comentário, um relato original, em lugar de basear-se em relatos já existentes.

Aparece, claramente, nos autores, a preocupação de não ferir a sensibilidade de ninguém. Este resultado é obtido, de um lado, com frases ambíguas ("o fascismo era ruim, mas...", "não sabemos se a Resistência foi boa ou má...") e, do outro lado, simplesmente escondendo determinadas notícias e, ainda, usando fórmulas estereotipadas que parecem ter a vantagem de já terem sido aceitas pelos professores.

O que é profundamente deseducativo e imoral, nestes livros, não é a explícita ou implícita apologia do fascismo, mas a recusa em dar aos jovens tanto as informações históricas adequadas, quanto uma capacidade mínima de crítica dos acontecimentos.

A VIDA NO SÉCULO XIV E NO SÉCULO XVI (QUA)

A vida de uma cidade do ano de 1300.

A arte da cozinha era muito importante e nas mesas não faltavam legumes e hortaliças. Para o pão, havia padeiros públicos.

A mulher passava seu tempo estendendo a roupa ao sol, tirando o pó, fiando.

A moda era engraçada e pesada. A iluminação era feita pelos

cidadãos, que acendiam pequenas lâmpadas a óleo sob as imagens de Nossa Senhora.

> *O que torna interessante o texto é o fato de que as coisas que acontecem nessa cidade do século XIV poderiam acontecer em qualquer época, até mesmo atualmente, numa aldeia da província. Todavia, o texto adquire sabor se comparado com a descrição da vida no século XVI, que aparece totalmente diferente.*

Na época do Renascimento, a vida nas cortes é cheia de ostentação, mas a dos cidadãos não é menos alegre, pois também eles encontram no luxo e na comodidade uma razão de vida. Palácios suntuosos, chafarizes, ruas amplas são construídas, as exigências artísticas combinando com as necessidades derivantes do aumento da população e do tráfego. Os palácios dos Pitti, dos Medici e dos Strozzi, em Florença e da Ca'd'oro, em Veneza, estão entre as maravilhas de nosso Renascimento.

Surgem palacetes elegantes, rodeados por magníficos parques, ricos de chafarizes e estátuas.

Homens e mulheres gozam de grande luxo nas suas casas. As mulheres enfeitam os cabelos com coroas e guirlandas de ouro ou de prata, enfeitadas de pedras preciosas, vestem roupas elegantíssimas e muito caras.

> *Com estas duas descrições, a criança chegará à conclusão de que, no século XIV, todos viviam mal e que, no século XVI, todos viviàm bem. Não conseguirá perceber que, em primeiro lugar, foi-lhe descrita a vida popular do Trezentos e, em segundo lugar, a vida dos nobres, no Quinhentos. Desta forma, inexplicavelmente, o século XIV aparecerá como uma época de feiúra e pobreza e o século XVI como um período de esplendor e felicidade generalizados. Está aqui um chavão escolar muito batido, que demonstra, evidentemente, a imperícia e a incultura de quem escreveu os textos e uma absoluta irresponsabilidade pedagógica por parte de quem escolheu estes mesmos textos.*
>
> *Esta infeliz experiência histórica é coroada por uma pergunta: "Você gostou da vida no Renascimento?", pergunta que só pode obrigar a criança a responder "sim", preparando nela o futuro humanista de araque. Mas a indagação seguinte é provocadora, se pensarmos que ela é dirigida, também, a crianças que moram no campo, a filhos de subproletários, a escolares de zonas assoladas por terremotos, etc. Depois de descrever a vida do Renascimento como uma teoria de personagens que usam roupas caríssimas, moram em palácios maravilhosos, pergunta-se: "Você sabe fazer a diferença entre a vida nessa época e a vida de hoje?"*

O PERSEGUIDOR MISTERIOSO (GA 5)

A CIÊNCIA MODERNA. No campo da ciência, um outro italiano soube pôr em destaque o nome da Itália: *Galileo Galilei.* Ele descobriu as leis do pêndulo, foi o primeiro a ter a idéia do termômetro, inventou o telescópio, com o qual estudou o movimento dos astros. Ele sustentou que a *Terra gira ao redor do Sol*, enquanto os cientistas da sua época sustentavam o contrário e por isso ele foi perseguido.

A POMBA DA TIA LIÙ[13]   Zietta Liù (PM 4)

Va, sotto il cielo di piombo,
va la fragile caravella
che la regina Isabella
t'ha regalata, Colombo...
Quand'ecco su dal tuo cuore
che più l'angoscia non serra
prorompe un grido: La terra!
La prima! San Salvadore!...
Ora il gran cielo di piombo
tutto s'irradia di luce...
Dove l'Italia conduce
è sempre il sole, Colombo!

Sob o céu de chumbo vai,
vai a frágil caravela
com a qual a rainha Isabel
te presenteou, Colombo...
Quando eis que, do fundo do teu coração,
não mais angustiado,
prorrompe um grito: Terra!
A primeira! São Salvador!...
Agora, o grande céu de chumbo
irradia-se de plena luz...
Onde a Itália conduz
há sempre sol, Colombo!

Notas. A caravela não foi dada de presente, porque a rainha pediu a Colombo sólidas garantias sobre a possibilidade de extrair deste empreendimento novas riquezas. O grande céu irradiado de luz "onde a Itália conduz", é o céu onde a Espanha conduz.

DEDICADO AOS TRABALHADORES
EMIGRADOS NA SUÍÇA   (DIA 5)

Um certo fluxo migratório ainda existe atualmente. As populações deslocam-se internamente, do sul para o norte e dos centros rurais para as cidades, onde há maior abundância de trabalho e onde a vida é mais serena. Ainda hoje, os italianos procuram trabalho no exterior, mas agora encontram condições melhores, uma boa assistência social, uma proteção constante por parte dos nossos consulados.

INFORMAÇÕES SOBRE A REVOLUÇÃO RUSSA (QUA 5)

Em 1917, a Tríplice Aliança e a Itália perderam um poderoso aliado, a Rússia, porque neste país teve lugar a *revolução comunista:* os soldados russos abandonaram as armas e voltaram para casa. O imperador da Rússia e sua família foram massacrados.

OS OPOSTOS EXTREMISMOS DO APÓS-GUERRA (NOI 5)

Na confusão que sobreveio no fim da Primeira Guerra Mundial, frente à desordem social e às crises econômicas, muitos governos não conseguiram encontrar soluções adequadas. Isto é, não souberam assegurar a ordem dentro da nação e dirigi-la para um caminho onde a liberdade e a justiça social pudessem ser novamente encontradas. Procuraram orientar-se para formas de governo autoritárias, no início vagamente inspiradas em idéias socialistas.

Na Itália, houve a *ditadura fascista*, na Alemanha, a *ditadura hitleriana* (nazismo) e na Rússia, a *ditadura stalinista* (marxista).

COMO SURGE O FASCISMO (NOI NE 5)

Frente a estas deficiências, o governo e os partidos não souberam impor uma ação eficiente e construtiva. Muitas energias eram gastas em discórdias nocivas. Este clima de dificuldades e de agitações favoreceu o surgimento do fascismo, novo movimento político chefiado por *Benito Mussolini*. Tal movimento prometia resolver a situação e criar um regime político estável e forte.

(DIA 5)

As conseqüências da guerra e a conclusão da paz, que bem pouco deu à Itália, determinaram uma situação muito grave. A agricultura descuidada há muito tempo, a indústria, parada, em virtude de um necessário trabalho de transformação, causaram um grande desemprego e um descontentamento generalizado. Greves, desordens, violências perturbaram os primeiros anos do após-guerra.

(QUA 5)

As desordens, alimentadas pelas míseras condições das massas trabalhadoras, cresceram dia a dia. Nas praças e nas ruas, nas cidades e nos campos, de 1919 a 1922, houve seguidamente greves, violências, distúrbios.

Enquanto isso, desde 1919, haviam surgido, sob a direção de *Benito Mussolini*, os *Fasci de combate*, que tinham por finalidade reunir num único bloco todos os que haviam participado da guerra.

Este movimento, desde cedo, num momento em que a autoridade do Estado não conseguia mais manter a ordem, atraiu a atenção daqueles que, cansados das brigas e das agitações, tinham esperança num governo que devolvesse ao país a disciplina e a tranqüilidade.

(RIU 5)

Depois da Guerra Mundial, a Itália encontrava-se numa situação muito difícil: o conflito provocara enormes destruições, os alimentos eram escassos e, em conseqüência disso, havia um notável aumento dos preços. Os que voltavam da guerra não encontravam trabalho, porque as indústrias demoravam para voltar às suas atividades normais. Por toda a parte, difundiam-se o descontentamento, a desocupação e a miséria.

Este clima de dificuldades e de agitações favoreceu o surgimento do *fascismo*, novo movimento político chefiado por Benito Mussolini. Tal movimento pretendia terminar com as agitações populares, mediante a constituição de um novo regime político, no qual todo o poder seria exercido pelo governo, formado por um único partido (que não deveria depender do controle do Parlamento).

(BASE 5)

A *ditadura.* A situação estava confusa e o governo mostrava-se fraco e incapaz. As greves multiplicavam-se, as comunicações interrompiam-se, o abastecimento era escasso. Formaram-se, então, duas tendências principais: uma esperava resolver todos os problemas seguindo o exemplo da Rússia bolchevista; a outra propunha-se sufocar o descontentamento, usando a força. Estas duas tendências eram ambas antidemocráticas; prevaleceu a segunda, que se apoderou do poder em 1922, com o *movimento fascista*, guiado por Benito Mussolini. Ele permaneceu no poder cerca de vinte anos, instaurando a *ditadura*.

(BG 5)

No fim da Primeira Guerra Mundial, a Itália encontrava-se numa situação difícil: os longos anos do conflito tinham debilitado a economia do país, causando miséria e desocupação.

Em conseqüência disso, irromperam, por toda a Itália, desordens e agitações, que o governo não conseguia debelar.

95

Esta situação permitiu a *Benito Mussolini*, chefe do partido fascista, apoderar-se do poder. Durante seu governo, as relações da Itália com as outras nações deterioraram-se e nosso país encontrou-se, pouco depois, em luta com as mesmas.

COMO REAGIU O REI? (NOI NE 5)

Em outubro de 1922, os esquadrões fascistas marcharam sobre Roma, para impor-se através da força. O rei, temendo uma guerra civil, não reagiu e encarregou Mussolini de formar o novo governo.

(DIA 5)

O rei, temendo uma guerra civil, e por fraqueza diante do fato consumado, nomeou Benito Mussolini chefe do governo.

(QUA 5)

Mais tarde, os *Fasci*, organizados militarmente, promoveram a *Marcha sobre Roma*, para conquistar o poder com a força. Em outubro de 1922, frente à ameaça de uma guerra civil, o rei deu a Mussolini o encargo de constituir o novo governo. A partir daquele momento, até julho de 1943, Benito Mussolini chefiou, ininterruptamente, o governo italiano.

(RIU 5)

Os fascistas, organizados em pelotões, marcharam sobre Roma, com a intenção de impor-se pela força. O rei, temendo uma guerra civil, não reagiu e deu a Mussolini a permissão de formar um novo governo.

(BG 5)

Em outubro de 1922, Mussolini marcha sobre Roma, seguido pelos pelotões armados. Para evitar a guerra civil, o rei Vittorio Emanuele III encarrega-o de formar o novo governo.

O QUE FIZERAM OS FASCISTAS? (DIA 5)

No início, Mussolini procurou um acordo com os partidos democráticos. Depois, reforçando cada vez mais o *Partido Fascista* e suprimindo todos os outros partidos, concretizou a ditadura.

Durante cerca de vinte anos permaneceu no governo, enquanto a Itália conseguia superar a crise do após-guerra. Finalmente, a agricultura e a indústria, lentamente, se recuperaram e a desocupação diminuiu.

A reorganização do exército permitiu uma política expansionista. O fato mais importante foi a conquista da Etiópia, mal aceita pelas potências européias e pela Etiópia. [sic!]

A Itália daquela época encontrou na Alemanha militarista, governada por Adolf Hitler, chefe do partido nacional-socialista alemão, seu aliado natural.

> *Devemos notar que, com o fascismo, a Itália* supera *a crise; o exército é* reorganizado *e pode realizar uma política* expansionista; *as potências estrangeiras* não toleram *a expansão italiana.*

(QUA 5)

De fato, depois de conquistado o poder, Mussolini procurou, nos primeiros momentos, a colaboração dos chefes dos vários partidos políticos. Mas, mais tarde, com um imprevisto *golpe de Estado*, decretou a dissolução de todos os partidos, exceto o fascista, centralizando em suas mãos todos os poderes do Estado e instaurando, assim, um verdadeiro regime ditatorial.

Tendo-se tornado, dessa maneira, o árbitro absoluto do destino do país, Mussolini iniciou, em seguida, um vasto programa de obras públicas, entre as quais a construção de estradas, pontes, rodovias, saneamento de áreas não cultivadas ou pantanosas, eletrificação de ferrovias, etc.

No dia 11 de novembro de 1929, depois de longas e laboriosas negociações com o Vaticano, Mussolini assinava os *Pactos Lateranenses*, com os quais era colocado um ponto final na *questão romana.*

Contudo, logo depois, suprimiu as liberdades civis fundamentais, traindo assim os ideais do Risorgimento. Em seguida, Mussolini cedeu à ambição de aumentar o prestígio militar da nação italiana e, em outubro de 1935, declarava guerra à Etiópia, cujo território seria inteiramente ocupado, em poucos meses, pelas nossas tropas, sob o comando do marechal Pietro Badoglio.

(RIU 5)

Começou, assim, o regime fascista que, aparentemente, deu ordem, tranqüilidade e bem-estar ao país, mas que, bem cedo, transformou-se numa ditadura, restringindo a liberdade política e democrática da nação.

(BASE 5)

A ordem interna foi estabelecida e foram executadas muitas obras públicas. Houve, assim, a ilusão de uma certa melhoria, mas, em contrapartida, os italianos foram privados de toda e qualquer forma de liberdade. A imprensa era controlada, não era possível votar livremente e, para poder trabalhar, era necessário a inscrição no partido fascista. Na escola, as crianças estudavam em livros impostos pelo governo e, freqüentemente, deviam usar uniforme. Os que procuravam resistir a este estado de coisas eram presos ou banidos para terras longínquas. Muitos italianos foram obrigados a fugir para o exterior.

> *Como podemos ver, entre todos os textos citados, este é o único que procura formular um juízo a respeito da ditadura. Contudo, também não escapa a uma necessidade de posicionamento, através da menção das muitas obras públicas e do restabelecimento da ordem interna.*

(BG 5)

Bem cedo, Mussolini instaura a *ditadura*, tirando a liberdade aos cidadãos. Por outro lado, procura sanar a situação econômica da Itália, com a realização de obras públicas, a fim de dar trabalho aos desocupados.

Desde 1870, os papas estavam em dissídio com o Governo italiano. Mussolini deseja pôr fim a essa situação e, no dia 11 de fevereiro de 1929, estabelece com a Santa Sé um pacto no qual é reconhecida a soberania do papa sobre a *cidade do Vaticano.*

> *A ilustração deste trecho mostra "operários em greve", com o rosto antipático e retorcido pelo rancor.*

(PO 5)

A ditadura fascista, de qualquer forma, consegue impor a ordem e inicia uma série de reformas. As obras públicas, iniciadas em ampla escala, absorvem uma grande quantidade de mão-de-obra desocupada: estradas e aquedutos são reconstruídos, realizam-se planos urbanísticos, fundam-se novas cidades. A obra mais notável é a do saneamento dos pântanos pontinos. Tudo o que pode dar prestígio e nome à Itália é defendido e apoiado: foi nessa época que conhecemos a primazia em muitos campos, como o automobilismo e a aviação.

O melhor ato político do fascismo, um ato de importância histórica, foram os Pactos Lateranenses, isto é, a conciliação entre a Igreja e o Estado italiano, cujas relações não tinham sido regularizadas desde a tomada de Roma, em 1870.

. . .

. . .

Em seguida, Mussolini deseja retomar as conquistas coloniais. Em 3 de outubro de 1935, nossas tropas iniciam as hostilidades contra a Etiópia, que, juntamente com as colônias que já possuíamos — Líbia, Eritréia e Somália — formam o Império da África Oriental Italiana.

Contudo, como as outras potências acolhem esta expansão da Itália fascista? Decretando sanções contra a Itália.

Desta forma, é sublinhada a maldade das potências estrangeiras que odeiam a Itália em expansão (e que também estava conquistando recordes mundiais no campo automobilístico).

COMO SÃO AS COLÔNIAS   (SUSS 5)

A CIVILIZAÇÃO. A Itália usou todos os meios para civilizar suas colônias na África. Novos centros foram procurados e interligados por belas estradas asfaltadas. Nas terras mais áridas, a água foi buscada nos poços mais profundos e, desta forma, vastas áreas puderam ser cultivadas.

Contudo, o mérito principal dos italianos foi o de ter levado aos nativos o amor pela civilização.

No final deste texto, há uma série de perguntas, entre as quais esta: "É justo que os brancos conquistem os países dos negros e que aí se estabeleçam como donos e tiranos?"
A pergunta tem um tom bastante "democrático", mas como é possível responder coerentemente se, duas linhas acima, o texto diz que os italianos levaram aos nativos o amor pela civilização?...

A ÁFRICA ERA UMA TERRA DE CONQUISTAS. No início do século XIX, o continente africano era pouco conhecido, porque somente alguns exploradores e missionários tinham penetrado no seu interior. Sabia-se, porém, que era muito rico em matérias-primas e isso atraiu a cobiça das maiores potências européias, como a Inglaterra, França, Bélgica, Alemanha e Holanda. Elas expandiram os seus impérios, tanto na África quanto na Ásia, e exploraram os povos que aí viviam, ainda em condições primitivas.

OS ITALIANOS NA ÁFRICA. A população italiana, no final do século XIX, estava aumentando, mas não havia na Itália trabalho para todos. Muitos camponeses e operários eram forçados a abandonar seu país, emigrando para o exterior (França, Alemanha, América), onde nem sempre encontravam um tratamento justo e decente.

Novas terras cultiváveis foram procuradas e a Itália apoderou-se de algumas colônias africanas. Primeiramente, conquistou a *Eritréia*, depois conseguiu a *Somália* e, sucessivamente, travou uma guerra contra a Turquia, para obter a Líbia. Eram terras sem grandes recursos e os italianos delas extraíram escassos benefícios. Todavia, não se limitaram a explorar os nativos, mas procuraram melhorar suas condições de vida, construindo escolas, estradas, hospitais.

> *Notar que os estrangeiros ocupam as colônias por cobiça, explorando os povos conquistados, ao passo que os italianos ocupam as colônias para ter um tratamento justo e decoroso e "não se limitavam a explorar os nativos".*

(RIU 5)

A Itália, também, desejava criar colônias suas, para aliviar sua população em contínuo aumento, para procurar matérias-primas necessárias à indústria e para afirmar sua posição política no mundo.

Ela tinha, há tempos, iniciado uma paciente e eficaz obra de civilização, por meio de missionários e exploradores e esperava que a conquista pudesse ser feita de forma pacífica. Em lugar disso, foram necessários muitos e dolorosos empreendimentos militares, que custaram a vida a outros italianos.

> *A observação de que a Itália "esperava que a conquista pudesse ser feita pacificamente" é particularmente sutil. A esta esperança pacifista opuseram-se, naturalmente, os nativos que, ao contrário, sedentos da guerra, resistiram ao invasor.*
>
> *Note-se, também, que os "dolorosos empreendimentos militares" custaram a vida de "outros italianos". Não há menção alguma quanto à vida dos nativos. O livro mostra-se, porém, historiograficamente correto quando, ingenuamente, mostra que a obra dos missionários e dos exploradores devia servir a uma penetração pouco custosa por parte do imperialismo europeu.*

(NOI NE 5)

A Itália tinha conquistado a unidade territorial, mas muitas dificuldades econômicas e sociais preocupavam os governantes. Eles pensaram em fundar colônias, para aliviar a população que estava aumentando constantemente, para procurar as matérias-primas necessárias às indústrias e para afirmar a posição política da Itália no mundo. Pensavam que a conquista pudesse ser feita pacificamente, já que havia sido iniciada uma paciente e eficaz obra de civilização. Em lugar disso, foram executados muitos e dolorosos empreendimentos militares, que custaram a vida a muitos homens.

Neste texto, também, é sublinhado o sonho de uma conquista feita através dos missionários e dos exploradores, conquista frustrada pela intolerância das populações locais, curiosamente contrárias à invasão européia e, portanto, responsável pelas lutas que se seguiram.

ALGUMAS IDÉIAS PRECISAS SOBRE A SEGUNDA GUERRA MUNDIAL (ST INS 5)

Mussolini alinhou-se com a Alemanha, em dez de junho de 1940, apesar de a Itália estar despreparada para a guerra. Depois de três anos de luta árdua, combatida em várias frentes, a superioridade dos inimigos, quanto aos meios e aos armamentos, venceu o valor dos nossos soldados. No verão de 1943, os anglo-americanos desembarcaram na *Sicília*.

Em 23 de julho de 1943, o rei Vittorio Emanuele III fez prender Mussolini; em 8 de setembro, foi anunciada a assinatura do armistício com os anglo-americanos. Os alemães reagiram, enviando para a Itália divisões blindadas completas e libertando Mussolini.

Nossa península ficou, assim, dividida em duas partes: no sul, ficavam o *governo do Rei* e os novos aliados anglo-americano; ao norte, a *República Social Italiana*, de Mussolini e os *alemães*.

Seguiram-se vinte meses de guerra, tornada ainda mais trágica por uma horrível *guerra civil*, à qual participaram, de um lado, os italianos aliados aos alemães e, de outro, as *formações guerrilheiras*[14].

Na "horrível guerra civil" há, de um lado, os italianos, aliados aos alemães e, do outro lado, as formações guerrilheiras. De que nacionalidade?

(BG 5)

O conflito continuou por muitos anos, no final dos quais a Alemanha e seus aliados são derrotados. Em maio de 1945, a guerra termina na Europa. Somente o Japão resiste, mas, poucos meses depois, atingido por bombas atômicas, rende-se também.

Com o fim da guerra, na Itália e na Alemanha *governos democráticos* são instaurados, os quais procuram remediar os desastres da guerra e iniciam a reconstrução das cidades destruídas. Em 2 de junho de 1945, o povo italiano é convocado para as eleições. Deve escolher entre a monarquia e a República. Escolhe a República.

Como termina a guerra? Que fim teve o fascismo? Como é instaurado, na Itália, o governo democrático? Por quem? Por que o povo italiano recusa a monarquia? Em compensação, na falta destes esclarecimentos, as ilustrações mostram algumas armas da Segunda Guerra Mundial, entre as quais o avião, o tanque de guerra, o canhão e um carro de assalto da marinha.

(SUSS 5)

Na Alemanha, também, alguns anos depois, aconteceu o mesmo. Adolf Hitler apoderou-se do poder e iniciou a reorganização do exército, para vingar-se do Tratado de Versalhes. A SEGUNDA GUERRA MUNDIAL. Bem cedo, os dois ditadores aliaram-se e no dia 1.º de setembro de 1939 a Alemanha iniciou o conflito, invadindo a Polônia. Outras nações entraram em campo: França, Inglaterra, Rússia, Estados Unidos, Brasil e muitos outros países, de um lado. Itália, Japão, do outro lado, isto é, ao lado da Alemanha.

Valem, para este texto, as perguntas feitas em relação ao texto precedente. Deve ser notada, contudo, a gênese do nazismo como reação ao iníquo Tratado de Versalhes (típico eco polêmico de origem fascista) e as ilustrações do texto, que mostram Vittorio Emanuele III com o uniforme do exército e Benito Mussolini de casaca e colarinho duro, além do papa Pio XI. As fontes iconográficas são, portanto, pré-históricas.

Precedentemente, o texto dissera que, por causa do descontentamento generalizado, Mussolini faz-se proclamar rei chefe do governo e inicia um período de "ditadura". Este termo aparece em grifo, mas nada, no texto, procura explicar o seu significado.

(RIU 5)

Inicia-se, assim, o movimento de *Resistência*. Este período foi mais triste e cruel do que a própria guerra, porque os italianos travaram uma luta fratricida.

As represálias, as destruições e as barbáries terminaram somente em 25 de abril de 1945, quando os alemães foram forçados, pelo avanço das tropas aliadas, a abandonar a Itália setentrional.

Note-se que os alemães abandonam a Itália somente devido à invasão das forças aliadas.

A NOSSA BELA LÍNGUA

Baseados em temas banais, com perguntas banais e respostas banais, os livros de texto deveriam, pelo menos, falar uma língua banal, o que — na falta de coisa melhor —, significa uma língua de rotina, conhecida pelas crianças, útil para ensiná-las a pedir, em bom italiano, um café, uma passagem de trem, a indicação de uma rua e a dar um nome aos objetos da vida diária.

Ao contrário, freqüentemente, a língua destes livros, justamente porque o mundo que retratam é do tipo rural (mas filtrado através da cultura literária de segunda mão do tardio oitocentos ou da retórica fascistas ou pelos vícios do "supernacionalismo") é uma pseudolíngua, que nomeia os objetos nunca vistos com palavras jamais usadas (e raramente explicadas, e, quando explicadas, mal explicadas).

Podemos escolher ao acaso, em algumas páginas de "Sementes", algumas pérolas do tipo: "algumas sementes purpúreas, mãos grandes e pequenas procuram entre os pâmpanos" (ninguém explica à criança o que são os pâmpanos), "estorninhos e cegonhas" (não é explicado que o estorninho é um pássaro ou que tipo de pássaro seja), "os zéfiros, um grão de painço" (a criança vê grãos de café, grãos de trigo, talvez grãos de milho, talvez pipoca, mas nunca grãos de painço), "áridos toros".

Numa página, a professora mostra uma folha aos alunos e diz: "Este é o pecíolo, este é o limbo e estas as nervuras", mas nem o texto, nem a ilustração indicam as partes descritas. Desta forma, as explicações permanecem no plano verbal e pseudopoético.

Manuais malsucedidos para pequenos danuncianos[15], os livros de texto usam palavras vazias para idéias vazias e esvaziam as idéias por meio de palavras sem sentido ou de sentidos insólitos ou de sentido difícil ou fora de lugar.

As raízes deste uso irresponsável da língua encontram-se, também, num profundo desconhecimento dos mecanismos semânticos, razão pela qual os textos, nas definições gramaticais, alcançam os mais altos píncaros da incoerência.

Num ensaio que apareceu em "Rendiconti" 22-23, Paolo Cristofolini analisa uma gramática para o ginásio (C. A. Samburgar, Armonia e Stile, *La Nuova Italia, 1966) e faz algumas críticas a este texto, publicado por um editor de clara dignidade científica, e espírito "laico". Eis as definições de* nome: *"Os nomes concretos indicam (...) pessoas, animais ou coisas compostas, de matéria e que realmente existem, como criança, cachorro, bola (Deus, alma, apesar de não compostos de matéria, são concretos, pois realmente existem). Os nomes abstratos indicam* idéias *que existem apenas na nossa mente: amizade, morte, vida, dureza, tremelique, passagem, adolescência, viagem, orgulho, vaidade (...)"*

Poderíamos, desde já, observar que é curioso o fato de alma *ser concreto e* tremelique *ser abstrato e que deve existir uma diferença de abstração entre* tremelique, *reconhecível no pudim que a criança come freqüentemente e* orgulho.

Cristofolini coloca a tradicional questão semântica concernente aos compostos de matéria que, apesar disso, não existem (os anões de Branca de Neve) e pergunta como reagiria o professor, se tivesse de comentar, com base na distinção concreto-abstrato, a proposição "Deus não existe".

Ele observa também que, conforme o texto, Deus não é um composto de matéria, mas existe, é concreto, ao passo que Alá, que não é composto de matéria e não existe, é abstrato. A brincadeira poderia continuar ao infinito e se levou à perplexidade tantos filósofos pode também atrapalhar o autor de uma gramática ginasial. Contudo, há algumas barbaridades que poderiam ser evitadas e que revelam carências sem dúvida existentes, também, nos ciclos mais avançados do ensino, inclusive na universidade.

ONDE COLOCAR NOSSA LÍNGUA, TÃO FORTE
E AO MESMO TEMPO TÃO SUAVE?   (SCIA 5)

A Pátria é como a mamãe: cada povo tem uma e a nossa é maravilhosa. Dos Alpes aos Apeninos, às ilhas, aos mares, toda ela é um cântico de beleza.

Beleza de píncaros imaculados, de geleiras resplandecentes, de rios murmurantes, de gordos campos e espessas florestas, de esplêndidas obras de arte.

E onde colocar a nossa língua, tão forte e, ao mesmo tempo, tão suave, tão pura, capaz de exprimir qualquer sentimento, qualquer idéia?

Ame e honre a sua Pátria, mas respeite também a Pátria dos outros.

COMO COCHICHAR INTERMINAVELMENTE
PALAVRAS AZUIS
L. Folgore (SCIA)

Hesitamos, antes de admitir nesta antologia da loucura autoral, poetas como Luciano Folgore. Seria excessivamente filisteu acusar de dificuldade ou de extravagância lingüística esses textos que, explicitamente, e com muitos méritos, podem ser considerados exemplos de incomum capacidade do uso da língua.

Mas, aqui, tem lugar um fenômeno que já encontramos e que chamamos de "separação coagida do texto poético". Inserir um trecho de Maquiavel entre outros trechos que, por engano, contenham muitos anacolutos, significa dar também aos anacolutos de Maquiavel uma carga negativa. O anacoluto de Maquiavel adquire valor didático quando ele for evidenciado como tal e quando forem mostradas as razões pelas quais o autor, naquele momento, resolveu violentar a sintaxe. Seria muito bom propor às crianças alguns textos lingüisticamente difíceis, para treiná-las no uso autônomo e criativo da língua, mas num outro contexto.

Neste caso, a poesia de Folgore (e por que foi escolhido desse autor justamente este texto retórico sobre a Itália?) aparece, apenas, como um conjunto de metáforas incompreensíveis que o jovem, educado em conformidade com o resto do livro, considerará estranhas e casuais ou, quando muito, como moldes pré-fabricados para exercícios de belas-letras. Dentro de tal contexto, expressões como "raça adolescente" aparecem somente como figuras retóricas vazias.

Italia:
parola azzurra
bisbigliata all'infinito
da questa razza adolescente,
che ha sempre
una poesia nuova da costruire,
una gloria nuova da conquistare.
Italia:
primavera di sillabe
fiorite come le rose dei giardini
peninsulari,
stellata come i firmamenti del sud,
fatti con immense arcate di blu.

Itália:
palavra azul
cochichada interminavelmente
por esta raça adolescente,
que tem, sempre,
um poema novo para construir,
uma glória nova para conquistar.
Itália:
primavera de sílabas
que floresceram como as rosas dos jardins
peninsulares,
estrelada como os firmamentos do sul,
feitos com imensos arcos de azul.

COMO COMENTAR A POESIA
A. Beltrami (NR 4)

Os comentários estão no próprio texto.

O dolce Patria mia,
sopra ogni cosa t'amo!
T'amo perchè sei bella;
amo del tuo bel cielo
lo sfolgorante azzurro,
del glauco[1] mar l'immensa
distesa e il suo sussurro.
Amo le bianche cime
dei tuoi superbi monti,
l'albe di sogno ròsee,
i magnifici tramonti.
Amo le verdi valli,
le fresche tue sorgenti,
i boschi, i prati, i campi
di opere frementi[2].
Amo il tuo bel canto
e l'armonioso idioma[3],
il genio tuo, la gloria[4].
che splendono da Roma!

Ó doce Pátria minha,
sobre todas as coisas eu te amo!
Te amo porque és bela;
amo do teu belo céu
o fulgurante azul,
do glauco[1] mar a imensa
extensão e o seu sussurro.
Amo os brancos píncaros
de tuas soberbas montanhas,
as auroras rosadas de sonho,
os magníficos crepúsculos.
Amo os verdes vales,
as tua frescas nascentes,
os bosques, os prados, os campos
frementes de obras[2].
Amo o teu belo canto
e o harmonioso idioma[3],
o gênio teu, a glória[4]
que brilham desde Roma!

1. *glauco = cor entre o verde e o azul*
2. *frementes de obras = palpitantes de trabalho*
3. *harmonioso idioma = a língua italiana é meiga como uma harmonia*
4. *gênio teu, a glória = a Itália é o berço de muitos homens ilustres e a sua história é gloriosa, ao longo dos séculos.*

O EXÉRCITO VERMELHO (PELL 3)

Destacam-se por entre o trigo, como um exército de pequenos soldados, mas são de um vermelho muito mais bonito e são inofensivas. A sua espada é a espiga. O vento as move e cada papoula demora-se, quando assim o deseja, na borda do sulco, com a flor-de-lis, sua companheira.

CONVITE À METÁFORA P. Magrini Castellini (PAE 3)

Marcinho, filho de uma pobre mulher, insinua-se naquele dilacerante barulho e ganha pão e leite, fornecendo uma autêntica justificativa ao leiteiro que agora pode fechar à chave, no sótão da consciência, a lembrança de quando, em criança, ele teria gostado de ser levado pela mão, por uma fada, em frente à cintilante vitrine da loja onde se dá tudo em troca de nada.

O trecho todo continua neste tom. O jovem é, repentinamente, assaltado por "um vento que tem sabor de meio-dia" e "entra na boca semicerrada das casas acordadas", "bebendo as manchas de sombra debaixo do sol", "enquanto a água enverdece", etc.
Este, também, é um texto que, oportunamente comentado, poderia ajudar a criança a refletir sobre o mecanismo da metáfora, mas que se transforma numa leitura incompreensível ou num convite a um lirismo desenfreado.

CONVERSAÇÃO NA LOMBARDIA (PAE 1)

Um guarda está parado, imóvel, num cruzamento. Veste um bonito uniforme preto. Usa um par de luvas brancas bem visíveis. Move continuamente os braços, gesticulando, para dirigir o trânsito.

Nino olha-o admirado e diz ao pai:

— Eu acho que ele se parece com um gigante muito forte. Pára o ônibus com uma mão. Levanta um dedo e estanca vinte carros reboantes!

O pai sorri e responde:

— Pois eu compararia o guarda a um anjo: o anjo da guarda das ruas.

PRESENTEIE OS MORTOS (PAE 1)

Ame os seus mortos. Dê-lhes de presente candeeiros e por eles eleve a sua alma a Deus. Deus pensará neles e lhes doará o Santo Paraíso.

— Don, don, don... — ouve-se tocar na noite fria e úmida.

LIÇÃO DE URBANÍSTICA

A. de Gubernatis

Bologna é uma cidade que, nobremente, alia às antigas memórias o esplendor das obras de arte, a suntuosidade de seus palácios, a ornamentação de seus magníficos pórticos. Cheia de magníficas lojas, nela a vida se desenrola em toda a sua plenitude. Por causa disso, ela é chamada a "Milão da Emília".

Capital de uma ampla e rica província, aliás de toda a fertilíssima região, conta entre suas muralhas cerca de 900 mil habitantes.

Para ela convergem todas as vias férreas que descem e sobem por entre os Alpes e os Apeninos, que ligam o Adriático ao Tirreno. Portanto, ela é o depósito natural e o centro de trânsito de um comércio muito movimentado.

DE QUEM É A CANTIGA?

(PAE 4)

As azeitonas já estão bem pretas e grossas e, ao espremê-las, delas emana o seu denso licor. As oliveiras, coitadinhas, imploram para que alguém as alivie desse imenso fardo. Não agüentam mais. E as colhedoras procuram pelo chão e nem uma baga escapa a seus olhares. Enquanto isso, cantam, inventam modinhas. Uma canta e as outras respondem. Assim, o dia inteiro. À tardinha, as trabalhadoras reúnem-se e vão embora, entoando, pelo caminho da volta, mais uma canção.

> Eis um típico exemplo de "separação coagida do texto poético". No contexto do livro escolar, este trecho aparece, justamente, como uma das tantas bobagens a respeito da alegria do trabalho e a santidade da vida nos campos.
> Contudo, este texto é extraído de Palazzeschi. Este "extraído de" pressupõe que o organizador da coletânea escolar o readaptou, desvirtuando-o.

PARECE UM PADRE

(NR 4)

Pare un prete sull'altare
quando comunica col Signore
ed è un povero seminatore
che si gode d'accarezzare
la sua terra di pena e d'amore,
e tra le zolle dure spiare
il suo grano che cosa fa.

Parece um padre no altar
quando comunga com Deus
e é um pobre semeador
que está feliz quando acaricia

a sua terra, com pena e amor
e entre os duros torrões de terra
espia o que está fazendo o seu trigo.

Aqui, também, um trecho que, colocado no meio dos outros, parece dedicado à mitificação mística do trabalho. O texto é de Diego Valeri.

OS LAPÕES CRETINOS   (LET 5)

Ben tappati dentro i poveri
ma fidati lor ricoveri,
mentre, lento, sui tizzoni
cuoce il lor desinaruzzo,
i pacifici Lapponi
bevon l'olio di merluzzo.

. . .

Ma che importa lor? Ghiottoni
dallo stomaco di struzzo,
i pacifici Lapponi
bevon l'olio di merluzzo.
E son là, raccolti e stretti,
padre, madre, zii, bambini
(batezziamoli lappini,
i lapponi pargoletti?)
E poi c'è la nonna, il nonno,
qualche amico dei vicini.
Beatissimi! Fra poco,
tutti e quanti russeranno
in catasta attorno al fuoco,
poi, doman, si leveranno,
mageranno e riberranno
il buon olio di cui sopra,
e così per tutto l'anno,
sempre... fin che moriranno.

Bem abrigados dentro de seus pobres
mas seguros abrigos,
enquanto, lentamente, sobre o fogo
o seu pequeno jantar cozinha,
os pacíficos lapões
bebem óleo de fígado de bacalhau.

. . .

Mas que importa? Comilões
com estômago de avestruz,
os pacíficos lapões
bebem óleo de fígado de bacalhau.

E lá ficam, unidos e apertados
uns junto aos outros,
papai, mamãe, tios, crianças
(vamos batizá-los lapinhos,
os lapões pequenininhos?)
E depois, há a vovó, o vovô,
algum amigo dos vizinhos.
Todos contentes! Dentro em pouco,
todos eles vão roncar
empilhados junto ao fogo,
depois, amanhã, levantarão,
comerão e novamente beberão
aquele bom óleo acima mencionado,
e assim o ano inteiro,
sempre... até morrer.

Um outro trecho, transcrito em vários livros didáticos, que, como resultado prático imediato, funciona como elemento de educação racista. Mas o autor é Ernesto Ragazzoni e no seu contexto original (entre outras poesias engraçadas) o texto tinha um significado bem diferente: evocava um clima crepuscular de nostalgia exótica e era apresentado juntamente com a poesia sobre a hipotenusa Niam Niam ou sobre as locomotivas que queriam pastar.

O NATURALISMO EXPLICADO AO POVO (GIO 3)

O carpinteiro, em mangas de camisa, está passando a plaina numa tábua de carvalho. Aos pés do banco maciço amontoam-se lascas finas e brilhantes de madeira. Nas paredes, estão dependuradas brocas, serras, tenazes, pinças e esquadros. Num armarinho, estão enfileirados formões, verrumas e lixas.

Neste trecho de banal aparência tautológica, os objetos são citados, mas não descritos. Tudo tem um ar de inutilidade e banalidade. Há uma nota explicativa, depois do texto, dizendo que é uma "adaptação (?) de Emile Zola".

A MELANCIA E OS POBRES (LEB 5)

Poucos meses se passaram. Fui para a casa de uma irmã que, como sempre, acolheu-me com muito afeto. No final da refeição, chega uma melancia gigantesca.

— Olha — diz minha irmã. — Aqui você não está em casa de milionários e é preciso que você se contente com o que temos: nós não comemos abacaxis.

Sem responder, cravei os dentes na nossa bela fruta branca, vermelha e verde. Quanto ao abacaxi, disse o que pensava de verdade: eu também não tinha gostado nada dele. Mas não tinha dito nada logo, porque, como era possível admitir, diante daqueles pobrezinhos, que, às vezes, um prato caseiro vale muito mais do que as caríssimas comidas de nós, milionários?!

Assim, de repente, o trecho, que finaliza um breve conto sobre os abacaxis, aparece como sendo o costumeiro elogio da vida simples e pobre, com uma ponta de nacionalismo hortigranjeiro.
Ao contrário, trata-se de uma novela de Dino Provenzal, sobre a qual as páginas restantes do livro escolar lançam uma sombra suspeita.

O TEXTO REVIVIDO
B. Foresi (SCIA 5)

Os livros desta autora trazem sempre uma severa advertência ameaçando quem utilizar trechos de seus livros, de qualquer forma. E, com efeito, Bice Foresi é freqüentemente citada por muitos livros didáticos, com uma constância e uma intensidade graças às quais presumimos que sua prosa seja considerada um modelo insuperável, pelos seus admiradores e colegas menos dotados.
A severidade com a qual Bice Foresi defende as suas próprias páginas não é igual, porém, à desenvoltura com que ela se serve das páginas dos outros. Eis uma comparação interessante, que serve como amostra dessa tendência generalizada que há, nos livros didáticos, de os autores citarem trechos de outros como sendo seus.
À esquerda, "Os italianos no mundo" extraído de Scia d'argento, de B. Foresi, trecho assinado Bice Foresi. À direita, um texto de Luigi Barzini (júnior ou sênior?), a respeito do trabalho dos italianos no mundo, citado por outros livros didáticos. As palavras em grifo servem para salientar a imitação.

FORESI

Nenhum outro país do mundo forneceu aos outros uma quantidade tão grande de trabalhadores como o nosso. Freqüentemente, temos vontade de imaginar *o que aconteceria se, por um passe de mágica, tudo o que as mãos italianas fizeram no exterior desaparecesse.*

BARZINI

Nenhum outro país do mundo forneceu aos outros uma quantidade tão grande de trabalhadores como nossa raça.
Muitas vezes, percorrendo as majestosas artérias das grandes metrópoles americanas, de Buenos Aires a Nova York, enquanto observávamos os italianos trabalhar como formigas por entre máquinas escavadeiras, nos profundos poços para as fundações, ou ocupados com o cimento e os tijolos, entre os vertiginosos andai-

mes de edifícios em construção, ou adornando com estuques e pinturas novos ambientes, ou esculpindo estátuas e decorações na pedra e no mármore, freqüentemente pensamos *o que aconteceria se, por um passe de mágica, tudo o que as mãos italianas fizeram, desaparecesse.*

Há países do outro lado do Atlântico nos quais tudo o que necessita *de trabalho para nascer, nasceu do trabalho italiano. Não podemos calcular quanto a emigração italiana contribuiu,* para dar fortuna e poderio àqueles países.

Em qualquer lugar onde *fossem necessários os músculos e a coragem, lá chegavam os italianos tenazes, engenhosos, pacientes, tolerantes, modestos.*

Há países do outro lado do Atlântico nos quais tudo o que necessitou *de trabalho para nascer, nasceu do trabalho italiano. Não podemos calcular* aquilo com que *a emigração italiana contribuiu* para *a fortuna* e para o *poderio* daqueles povos.
Por toda a parte em que *fossem necessários os músculos e a coragem, lá chegavam os italianos, tenazes, engenhosos, pacientes, tolerantes, modestos.*

A CIÊNCIA E A TÉCNICA

O leitor ficará surpreso vendo que, neste capítulo, as citações são poucas. Não se trata de incapacidade de escolha de nossa parte, nem podemos dizer que os textos que tratam da ciência e da técnica não se prestem às citações maliciosas. Há uma razão muito simples: nos textos das primeiras séries elementares, a ciência e a técnica praticamente não existem.

A descrição de instrumentos técnicos diz respeito mais à agricultura e ao artesanato: fala-se em arados, relhas, serras e plainas. Raramente aparece a realidade do trabalho industrial; e, quando aparece, serve para exaltar o cansaço, não para fornecer exemplos de uma transformação racional do mundo. Freqüentemente, exalta-se o empresário industrial e a técnica como meio para se obter sucesso e dinheiro (v. "Dinheiro"). As técnicas específicas jamais são descritas de forma realista e nunca é mencionado seu valor transformativo. Quando é tentada uma tímida nomenclatura, ela se refere aos assuntos mais óbvios (do tipo: as ferramentas do carpinteiro são a plaina, a serra, o martelo, os pregos...).

Não devemos esquecer que o público juvenil, a quem estes textos são dirigidos, recebe diariamente, através da TV, uma quantidade muito elaborada de informações técnicas, que o jovem sabe manejar perfeitamente e, dessa forma, ele só pode ficar aborrecido com as noções obsoletas que o texto escolar lhe transmite.

Todavia, há um aspecto da vida tecnológica com o qual o jovem está diariamente em contato e que nem o texto escolar pode deixar de lado.

É a tragédia ecológica, o desenvolvimento urbanístico desordenado, a complicação do trânsito, a poluição do ar.

Como reage o texto escolar a este problema? Simplesmente procurando acostumar o jovem cidadão ao que o espera. Ele funciona como uma máquina para o condicionamento ao ar poluído, um manual para a aceitação dos bairros-dormitórios: desta vez, pelo menos, o texto educa para a vida. Ele diz: "Já que a sua vida de adulto subalterno será essa, será melhor que você se acostume desde já e que a ache maravilhosa."

O HOMEM E O SEU CORPO (QUA 5)

Destinado aos jovens da quinta série elementar, este texto apresenta a ilustração de um homem, do sexo masculino, de cuecas. Uma paródia de nomenclatura anatômica explica qual é a cabeça, o pescoço, o joelho, o pé, a mão, etc. (na tentativa óbvia de causar pasmo aos pequenos leitores).
O texto explica que Deus criou o homem qual "um maravilhoso aparelho". Deste aparelho, são citados os pulmões, o fígado, o baço e o estômago, que servem para a respiração e a nutrição. Naturalmente, é evitada, tanto na ilustração quanto no texto, a localização e a representação desses órgãos.
Em seguida, fala-se do cérebro e do cerebelo, cuja tarefa é a de assegurar "a vida espiritual" e, em seguida, dos órgãos dos sentidos.
Algumas palavras são gastas, depois, com o esqueleto, que Deus "cobriu de peças compactas chamadas músculos, feitas para estimular o movimento dos ossos e para dar força e graça ao corpo". Depois de ter cuidadosamente evitado explicar qual é a inter-relação existente entre os vários órgãos descritos, o autor enfrenta o espinhoso problema de explicar aos jovens da quinta série como estes corpos funcionam e se reproduzem...

Assim, como pudemos constatar, cada órgão ou grupo de órgãos tem uma determinada função, obedecendo ao comando que Deus lhes outorgou, comando que nós chamamos lei natural.

Uma máquina maravilhosa, esse nosso corpo, e nós ficamos aturdidos frente ao mistério do nascimento e da morte, do crescimento e do pensamento. Face a esta máquina maravilhosa, só nos resta admirar e louvar a *potência* de Deus, o único que poderia ter construído um engenho material e espiritual tão grande e tão maravilhoso.

Como vemos, Deus não é considerado responsável pelos órgãos reprodutores, cuja existência continua cuidadosamente escondida às crianças. Supõe-se que elas comam e bebam, mas não evacuem.

O INVENTOR DO AUTOMÓVEL (NP 2)

O aspecto principal a ser salientado neste texto é o fato de Ford ser apresentado como o inventor do automóvel.

Quando Henrique via uma máquina nova, desmontava-a e montava-a para ver como estava construída. Fez isso até os vinte anos. Depois, construiu uma carruagem que viajava sozinha, sem que cavalos a puxassem. Tinha quatro rodas de bicicleta, um selim de ciclista e um guidão como volante.

A carruagem viajava pela estrada, gastando petróleo e fazendo muito barulho.

FÉ E CORAGEM
(título original)

B. Foresi (SCIA 5)

Muitas pessoas consideram as descobertas atômicas como um pesadelo que perturba os tranqüilos sonos do homem. Eu creio, ao contrário, que a humanidade adquiriu o domínio sobre as forças naturais, capazes de fazer progredir a civilização a passos de gigante.

. . .

Vivemos numa era que parece feita para testar a coragem e a fé dos homens. O estoque de armas nucleares não deve nos assustar, porque, como disse o Presidente Eisenhower, "podemos transformar as espadas em arados e as lanças em foices, desde que a poderosa força atômica seja confiada a pessoas capazes de despojá-la do seu invólucro bélico e adaptá-la às artes da paz".

UM POUCO DE GEOLOGIA

O. Vergani (NR 4)

Na Itália queimam fogos subterrâneos, vindos daquelas crateras que pareciam, aos povos antigos, as bocas do inferno e que, ao contrário, agora, são vulcões quase sempre pacíficos.

MORREU UM REI, VIVA OUTRO REI

E. Rossi (LIF 4)

C'era un praticello
vicino a casa mia:
ci si giocava a "nascondello",
si correva con gli aquiloni,
ci si giocava col pallone,
con un pò di fantasia
si faceva anche agli indiani;
ci nasceva perfino
qualche fiorellino:
ora ci spunta un grattacielo
di quaranta piani!
È una scala gigante
per dar la scalata al cielo!
Si vedrà lontan lontano.
Vi apriranno tutt'attorno
mille finestre, mille occhi di giorno
mille stelle nella notte
palpitanti.
Poi sul tetto una terrazza
vi faranno come una piazza,

sulla terrazza un bel giardino!
Mi piacerebbe giocare lassù
agli indiani, a nascondino,
come nel prato che non c'è più.

Havia um gramadinho
perto de minha casa:
aí brincávamos de esconde-esconde,
soltávamos papagaios,
jogávamos bola,
com um pouco de fantasia
brincávamos de índio também.
Às vezes nasciam no gramado
até algumas florzinhas.
Agora, em seu lugar, há
um arranha-céu de quarenta andares!
É uma escada gigante
para escalar o céu!
De lá de cima
poderemos enxergar bem longe.
Haverá em toda a volta
mil janelas, mil olhos de dia,
mil estrelas à noite,
palpitantes.
Sobre o telhado, um terraço
farão, grande como uma praça
e sobre o terraço, um belo jardim!
Gostaria de brincar lá em cima,
de índio ou de esconde-esconde,
como no gramado que já não existe mais!

LAR DOCE LAR

(NP 2)

As casas antigas, apesar de seus muros cinzentos e descascados, tinham janelas cheias de gerânios. Tinham terraços com varais cheios de roupas estendidas ao sol, que inchavam ao vento. Os palacetes tinham crianças que corriam nos jardins recobertos por grama verde.

Somente o palácio de mármore não tinha flores nas janelas, não tinha roupas penduradas ao sol, não tinha crianças no jardim, porque não havia jardim. Parecia um gigante sem alma.

Mas ele também, dentro de si, tinha as flores nos vasos, as roupas que enxugavam nas secadoras elétricas, as crianças que se divertiam em frente à televisão ou com brinquedos.

Todas as casas, feias ou bonitas, tinham dentro de si a felicidade, porque é uma grande felicidade possuir...

AS MULTIDÕES LABORIOSAS   A. Fraccaroli (LEB 4)

O texto de Fraccaroli reflete, obviamente, uma Milão que atualmente desapareceu, com os operários andando de bicicleta. Contudo, provavelmente foi escolhida por causa da glorificação que faz do trabalho "pendular" que, aqui, adquire dimensões épicas e líricas, servindo mais uma vez para apresentar o trabalho como uma alegria e uma guloseima.

Chegam os trens ligeiros, de vilas vizinhas, da província. São os trens dos operários.

Quando as portas se abrem, parece que se rompeu algum dique: é um rio de gente que invade a calçada e que se espalha pelo saguão, pelas escadarias. Viajantes especiais, sem malas nem casacos, às vezes um pacotinho debaixo do braço. São milhares que chegam todas as manhãs à cidade, viajam com o talão mensal de tarifa reduzida. Muitos já envergam o blusão de trabalho e na rua unem-se a outros milhares e milhares de operários.

Os ônibus são tomados de assalto. E eis um espetáculo característico. Desfila pelas ruas uma grandiosa e infinita multidão de operários de bicicleta. Os ciclistas, os desprezados ciclistas das horas de pico. Nessa hora eles têm absoluta supremacia na rua.

. . .

Milão, convenção de multidões laboriosas.
A pequena Nossa Senhora brilha[16].
Milão recomeça sua vida diária.

**VALE O TRABALHO DO POBRE
A PRECE NO ALTAR
(OU SEJA: A SANTIDADE DO SMOG)**   C. Betteloni (ORE 4)

Un'odorosa nuvola
d'incenso, altra più nera
ne incontra al ciel levandosi
dal Santuario, ed era
il fumo che a gran vortici
della fucina uscìa.
— Non sai — disse — che all'etere
m'innalzo verso Dio?
Profana, olà, disperditi!
Ma, da lassù discesa,
l'orgaglio suo riprendere
fu ignota voce intesa:
— Insiem tosto; abbracciatevi,
nuvole pellegrine,
figlie del Santuario,
figlie delle officine.
Agli occhi dell'Altissimo
siete ·egualmente care.
Vale il lavor del povero
la prece dell'altare.

117

Uma cheirosa nuvem de incenso,
ao levantar-se do santuário,
uma outra nuvem mais escura
encontra no céu.
Era a fumaça que
vertiginosamente saía da fábrica.
— Não sabes que do ar — disse —
eu me elevo até Deus?
Nuvem pagã, olá, vai embora!
Mas, lá de cima, uma voz desconhecida desceu,
para punir o seu orgulho:
— Venham juntas, abracem-se,
nuvens peregrinas,
filhas do santuário,
filhas da oficina.
Aos olhos do Altíssimo
vocês são igualmente queridas.
Vale o trabalho dos pobres
a prece do altar.

O MUNDO É O QUE É
(SC AM 4)

Não há cidade, na Itália, que seja tão rica de indústrias e de comércios quanto Milão. Quem chega de trem ou pela rodovia ou de avião, na grande metrópole lombarda, fica impressionado com o grande número de fábricas e de chaminés fumegantes, com o movimento de trens, caminhões, automóveis e aviões que trafegam sem parar.

À noite, as oficinas deixam escapar lampejos brancos e azuis, as chaminés, na periferia, lançam fulgores avermelhados.

Durante muitos dias, no inverno, a cidade é coberta por um manto fuliginoso: é o *smog*, formado pela neblina e pelas partículas de fuligem que saem das chaminés das fábricas e das casas.

No centro da cidade, há milhares de escritórios, nos quais ouve-se sem parar o tique-taque das máquinas de escrever e o trilo dos telefones.

SMOG E DINHEIRO
G. Latronico (PV 5)

Um amigo meu, do interior, dizia: — Milão? Lá faz muito frio, não é? Chove, é uma cidade úmida, tem um ar envenenado por muitos gases, muita neve e a neblina, pois!...

E eu: — Sim, tem neve, tem chuva, é úmida, no inverno. No verão, então, faz um calor sufocante. Mas, meu caro, somos quase dois milhões que aí vivemos e passamos todos muito bem.

O que importa, aos milaneses, se a natureza não foi tão bondosa com eles, como o foi para a Sicília, para Florença ou a Riviera? Eles trabalham e não têm tempo de pensar se chove ou se neva, se o sol queima ou se a neblina cobre os faróis. Nem percebem. Trabalham o dia inteiro e trabalham muito. Mas, à noite, findo o trabalho, deixam o macacão de lado, vestem-se com roupas elegantes e você pode vê-los encher os cinemas, os bares, os teatros. Divertem-se porque trabalharam.

E nas tardes de sábado? E aos domingos? Podem-se ver grupos de rapazes com malhas coloridas e moças de calças compridas que, com a mochila nas costas e os esquis equilibrados sobre os ombros, vão apanhar os trens. E carros em procissão, que enveredam pelas rodovias. Para onde se dirigem? Para as montanhas, para os lagos, para o campo, divertir-se, espairecer, descansar, porque trabalharam e ganharam dinheiro.

O DINHEIRO

O dinheiro, nos livros didáticos, existe a priori *e é dos ricos. O dever dos ricos é praticar a caridade (v. o capítulo "Caridade"). Os pobres também podem acumular algum dinheiro, através da poupança. Quem tem dinheiro, deve lutar para obter mais e quem não tem dinheiro deve poupar: isto é demonstrado até pela maneira como são formulados quase todos os problemas de aritmética. Nesses problemas, aparece sempre ou um trabalhador assalariado que, ganhando uma determinada soma, deve poupar, ou um comerciante, do qual são ressaltadas as notáveis perdas em dinheiro.*

A criança deve acostumar-se a pensar que a vida de quem possui é dura, porque quem possui corre o perigo de perder, ao passo que a vida de quem não tem nada pode ser feliz e segura, desde que ele se acostume a poupar o pouco que recebe.

Quanto à exigência de pagar bem os operários, esta é sempre apresentada como um livre dever moral do empresário: o livro didático ignora os sindicatos, os contratos sociais e o trabalhador como parte ativa.

UM HOMEM BOM   R. Belli (ROSE 4)

'Uma vida interessante, a de John Rockefeller, o grande industrial americano do petróleo.

Enriqueceu de forma incrível, acumulou uma fortuna enorme e tornou-se um dos homens mais ricos do mundo.

Acreditava firmemente em Deus e amava os seus semelhantes. Um dia, Deus falou ao seu coração. Rockefeller perguntou a si mesmo:

— O que vou fazer com tanto dólares?

Pensa, repensa, decidiu não fazer a caridade a algumas pessoas em particular, o que teria sido pouco útil socialmente. Ao contrário, gastou somas fabulosas com instituições sociais: bibliotecas, hospitais, institutos, obras públicas.

Combateu, sempre, gastando milhões de dólares, as doenças causadas pelo trabalho. O seu objetivo constante foi resgatar o homem da miséria, do mal e da ignorância, tornando-o melhor e cada vez mais digno da missão para a qual Deus o criou.

Financiou expedições de cientistas, institutos de pesquisa para combater uma terrível doença intestinal que fazia incontáveis vítimas entre os operários, ajudou em todas as batalhas travadas contra a febre amarela, a tuberculose, a malária.

Assim, aquele dinheiro que tinha acumulado com a ajuda da sociedade, ele o gastou para a sociedade, porque sabia que o único ouro que Deus pode aceitar de um homem é aquele gasto generosamente para aliviar a dor de nossos semelhantes.

UM HOMEM RUIM   (PELL 2)

Era uma vez, há muitos anos atrás, um camponês muito avarento. Quando chegou o dia de matar o porco, para preparar os salames e os presuntos para o inverno, o camponês começou a queixar-se de que deveria dar a metade de toda aquela riqueza a seu dono.

> *Como podemos perceber, esse homem ruim é um meeiro que não aceita o iníquo contrato de parceria. Contudo, a sua rebelião é castigada por um amigo astuto, que o aconselha a expor fora da porta o porquinho e a roubá-lo, durante a noite, para ficar todinho com ele. De fato, o próprio amigo rouba-lhe o porco e o coitado não pode protestar.*

Então, o desgraçado voltou para casa e como tinha sido muito ganancioso, foi castigado.

UM HOMEM HUMILDE   R. Pezzani (LIF 4)

Um homem, depois de ter trabalhado o dia inteiro, foi pago com um saquinho de maçãs.

— Minhas crianças vão gostar dessas maçãs — disse ele. E ele estava mesmo muito contente com o que tinha ganho.

A POUPANÇA É AQUELA COISA   P. Magrini Castellini (LET 3)

Il risparmio è quella cosa,
amico caro,
che, mettendo soldi nel
salvadanaro,
quando è pieno ti ritrovi, uno, due, tre,
ricco, ricco, ricco,
come un re!

A poupança é aquela coisa,
caro amigo,
que, colocando o dinheiro no
cofrezinho,
quando ele está cheio, você está uma, duas, três vezes
rico, rico, rico
como um rei!

OS INVESTIMENTOS DO MENDIGO   R. Pezzani (NOI 5)

E più soldini risparmiati danno
coraggio al poverello
che un po'somiglia la formica, quando,
se pur fa tempo bello,
pensa ai giorni di neve,
pensa ai giorni più duri,
e il bel salvadanaio fatto greve
scuote perché gli dica
con la sua voce amica:
— Io son pronto per te, come un fratello.

As moedinhas dão
coragem ao pobre mendigo
que se parece um pouco com uma formiga,
quando, mesmo nos dias bonitos,
pensa nos dias cheios de neve,
pensa nos dias mais duros,
e o belo cofrezinho cheio de moedas
agita, para que este lhe diga,
com a sua voz amiga:
— Estou pronto para você, como um irmão.

O FREIO DO PROLETÁRIO   M. Dandolo (PAE 4)

Chicco oggi, spiga domani
...In cuore all'uomo la saggeza dice:
— Tu spendi oggi la piccola moneta
che un giorno, unita a mille,
potrà bastare a renderti felice.
Frena adesso un capriccio e un giorno avrai
un bene vero; chiudi nella terra
oggi un chicco soltanto
e una spiga domani troverai.

Grão hoje, espiga amanhã.
. . . A sabedoria fala ao coração do homem e diz:
— Hoje gastas a pequena moeda
que, um dia, unida a mil outras

poderá fazer-te feliz.
Refreia, agora, um capricho e um dia terás
um bem verdadeiro. Fecha, hoje, na terra,
um grão, apenas
e uma espiga amanhã encontrarás.

O DESTINO NO PUNHO

R. Pezzani (PAE 3)

Un soldo nel salvadanaio
da solo non canta, sbadiglia.
Se invece un compagno gli dai
e scuoti la palla d'argilla,
udrai quel soldino che trilla
il canto dei salvadanai.
E cento soldini riuniti
gli fanno un allegro coretto.
Ti costano sforzi infiniti,
ma tu ti sei fatto un ometto,
un uomo piccino
che itene già in pugno il destino.

Uma moeda sozinha, no cofrezinho,
não canta, boceja.
Se lhe deres uma companheira
e sacudires o cofrezinho,
ouvirás a moedinha cantar.
E cem moedinhas juntas
farão um alegre coro.
Isto te custou muitos esforços,
mas tu já és um homenzinho,
um homem pequeno
que tem o destino em seu punho.

O JUIZ ASTUTO

(NOI 5)

É chamado também de "juiz chocolate" e eis a razão disso: uma menina foi levada à sua frente, acusada de ter roubado alguns tabletes de chocolate numa confeitaria. O juiz sentenciou: "Todas as semanas você deverá dar uma caixa de bombons a um orfanato." E mandou a menina de volta para casa.

É preciso notar que, se a menina roubou, ou era cleptômana (e a lição não a curará) ou não tinha dinheiro. Portanto, de agora em diante, roubará uma caixa de bombons por semana.

PROBLEMAS SOBRE A POUPANÇA OPERÁRIA   (P. FAV 5)

2. Em determinado ano, um operário trabalhou 48 semanas, com 6 dias úteis cada uma e ganhou ao todo 532.800 liras. Quanto recebeu por dia de trabalho? (R. 1.850 liras). Se, durante o ano economizou 42.600 liras, quanto gastou, em média, mensalmente? (R. 40.850 liras).

30. Um operário ganha 2.800 liras por dia. Quanto ganhará por mês, trabalhando 25 dias? Se economizar 6.000 liras, quanto gastará?

PROBLEMAS SOBRE OS GASTOS EMPRESARIAIS

39. Um salsicheiro comprou salsichas por 2.000 liras o quilo e foi forçado a vendê-las a 1.560 liras. Quanto perdeu por quilo? Se as salsichas pesavam 16 quilos, quanto perdeu no total?

48. Uma peleteira perde 15.000 liras na venda de 3 peles. Quanto perde com cada uma? E se as peles fossem 10, quanto teria perdido?

OS DIREITOS SINDICAIS

O que nos ordena o sétimo mandamento?

O sétimo mandamento nos ordena devolver as coisas dos outros, reparar os danos feitos, pagar as dívidas e ser justo com os operários. Não ter inveja das coisas dos outros e não desejá-las.

Se, agora que és criança, te educares na lealdade e no respeito a estas leis, quando fores adulto, evitarás também os outros pecados como a *fraude*, a *usura, o não pagar bem os operários*. Serás honesto e querido por todos.

A CARIDADE E A PREVIDÊNCIA SOCIAL

Num mundo no qual os ricos são ricos e os pobres são pobres (mas felizes) a única forma de justiça social é dada pela caridade. Os livros didáticos trazem abundantes exemplos disso.

Deve-se notar que se trata sempre de caridade individual, de pobre para pobre ou, no máximo, de rico para pobre. Não é mencionada forma alguma de solidariedade coletiva, evidentemente considerada socialmente perigosa. O jovem deve até ignorar que existe uma solidariedade social organizada. Não pretendemos que estes livros falem do "socorro vermelho", mas gostaríamos de encontrar algumas explicações sobre os institutos de previdência social, sobre as caixas, sobre os direitos do cidadão frente aos órgãos assistenciais.

Entre tantas palavras gastas com a poupança (veja capítulo "O Dinheiro") nenhuma é gasta para falar das aposentadorias ou de outras formas de previdência social. A única previdência social mencionada é a Divina Providência.

O universo dos livros didáticos é um universo de doações e graças recebidas, do qual está ausente a palavra "direito".

NINA A PASSIONÁRIA   Adapt. de V. Rossi (LEB 3)

Nina soube na escola, pela professora, que Júlio, um colega de classe, muitas vezes passava fome. Nina ficou com muita pena dele. Era preciso fazer alguma coisa por ele logo! Como ajudá-lo? Ela também era pobre!

Mas, eis que teve uma idéia maravilhosa. Uma manhã, com a desculpa de que o comeria pelo caminho, leva na mala o seu desjejum. Chegando perto da escola, encontrou o colega.

— Júlio, tenho pão e chocolate, quer? Eu já tomei café em casa.

. . .

Somente no final do ano souberam do gesto generoso de Nina.

A notícia logo se espalhou e assim, graças à iniciativa e à caridade de Nina, toda a vila interessou-se por Júlio e pela sua família e muitos benfeitores levaram-lhe roupas e alimentos.

UMA IDÉIA PARA O DR. AGNELLI[17]   L. Tridenti (ROSE 5)

Era uma vez uma mulher tão avarenta que não dava esmola nem mesmo a quem morria de fome. Os mendigos já a conheciam e nem se aproximavam da sua choupana.

Um dia, um estrangeiro que não conhecia sua avareza, bateu à sua porta.

— Há dois dias que não como. Seja boazinha, dê-me alguma coisa.

A avarenta o olhou. Estava tão magro e tão mal vestido que o coração duro da mulher se enterneceu. Pegou uma cebola e a deu ao pobre.

. . .

Quando morreu, o diabo foi buscá-la para levá-la ao inferno. Lá em baixo ela se debatia e queixava-se das penas.

. . .

Eis que, de repente, aparece o pobre que ela, num longínquo dia de inverno havia ajudado. O velho levantou-se acima das chamas, segurando na mão uma cebola e disse: — Você me socorreu num dia terrível e agora quero recompensar-te. — A cebola que segurava na mão estendeu-se como uma corda, até tocar na mulher.

— Agarre-se.

Ela agarrou-se e sentiu que era levantada sobre o fogo. Subiu, subiu, até que chegou a um jardim encantador. Sentou perto de umas flores e o velho sentou-se perto dela e disse:

— Um ato de caridade vale uma eternidade de alegria.

— Obrigada! —, disse a mulher, humildemente.

— Não fui eu quem lhe abriu o Paraíso. Foi a sua cebola.

SERVIR O POVO   Brandillard (PAE 2)

— Faça a caridade, pelo amor de Deus! — implora uma vozinha tímida e envergonhada.

Bruno, que está indo para a escola, vira-se. Um menino maltrapilho e mirrado, com os olhos cheios de tristeza, está estendendo a mão. Sem hesitar, Bruno abre a mala e, sorrindo, dá-lhe o embrulho do seu lanche: pão e chocolate, que ele adora.

— Toma —, diz Bruno. — Só tenho isso para dar. Depois, ficando vermelho, acrescenta:

— Gosto de você.

Os olhos do menino pobre enchem-se de lágrimas. Freqüentemente dão-lhe esmolas, mas jamais ele sentiu tanta alegria e reconhecimento como desta vez, porque Bruno, junto com o pão, deu-lhe um pouco do seu coração.

> P.S. *Esta mesma estória aparece no capítulo "Pobres", extraído de PAE 1. Aqui é proposta uma versão um pouco mais prolixa, para os alunos do segundo ano. Se uma classe adotar o mesmo texto para o ciclo todo, veremos que o aluno terá que reler cada ano a mesma estória.*

LUTA CONTÍNUA[18]   Rosmarj (PAE 3)

A neve cobriu os campos e os prados, borrifou de branco as cercas e as árvores. Faz tanto frio!

Um pobre, enrolado numa manta, caminha lentamente, triste e sozinho, no meio daquela imensidão branca. Passa em frente de uma casa. Pára. A porta abre-se e um ar quente envolve o pobre. Uma criança, na porta, o convida: — Entre!

Vozes alegres de crianças e o estalido da lenha na lareira chegam até a rua. Depois, a porta se fecha. A rua está deserta, mas o mundo parece melhor.

PODER OPERÁRIO[19]

— Onde vai, menina?

— Procurar gravetos para a lareira. Agora, já está ficando frio. Papai está doente e devo cuidar dos meus irmãozinhos.

— Tome: é dinheiro. Mais do que isso não posso, mas você é boazinha e Deus a abençoará.

DE ONDE VÊM AS IDÉIAS CERTAS   M. Boglioli (USI 5)

> *Faz três dias que Henrique está ausente da classe. O professor pergunta onde está e o que está acontecendo com ele, mas depois esquece do assunto. E assim, por sua própria conta, Aldo, Júlio e Paulo resolvem ir visitar o colega...*

Uma mulher com o rosto cansado aparece.

— Quem são vocês? O que querem? — pergunta.

— Somos colegas de Henrique e queremos saber se ele está doente, porque o professor... — Aldo falou tudo de uma vez.

— Entrem — diz a mulher, sorrindo.

Os meninos entram. Olham em volta e ficam entristecidos ao ver a pobreza que reina naquele quarto escuro. Os três amigos seguem a mulher, sobem as escadas desconjuntadas e entram num quartinho mal iluminado.

À sua frente, deitado na cama, está Henrique.

. . .

Na manhã seguinte, os meninos contam na classe o que viram e ouviram e pedem ao professor que os ajude a cuidar do colega doente. À tarde, os três amigos voltam para a casa de Henrique: estão levando um pacote cheio de presentes.

Durante muitos dias, os colegas de Henrique vão visitá-lo, revezando-se.

Quando Henrique volta para a escola, os meninos o rodeiam alegremente. O professor, comovido, pensa que a semente da bondade, que plantou durante tantos anos, deu frutos no coração dos seus alunos.

A REFORMA AGRÁRIA
I. Belski Lagazzi (LIF 5)

O camponês espera sempre e a esperança é a parte melhor e mais verdadeira da alegria humana.

INSTRUÇÕES PRÁTICAS PARA OS FAVELADOS
(LIE 2)

Numa casa pobre faltava a mamãe. A irmã mais velha, Luciana, cuidava dos dois meninos menores e assim o pai podia sair à procura de trabalho.

Uma manhã, Luciana encontrou na cesta um pãozinho apenas. Dividiu-o em três partes e disse: — Nos contentaremos com pouco!

Quando estava para comer sua parte, apareceu na porta uma mulher de aspecto miserável, que segurava no colo um menino maltrapilho e choramingão. Luciana compreendeu que a criança estava com fome e ofereceu-lhe o seu pedacinho de pão:

— Só tenho isso ! — desculpou-se.

A mulher sorriu com meiguice e disse:

— Olhe bem na cesta, porque você também está com fome!

A menina foi olhar na cesta... Estava cheia de pãezinhos frescos e perfumados! Maravilhada, virou-se para a porta, mas a mulher tinha desaparecido!

ESTÓRIA COM SURPRESA FINAL (LRE 3)

Numa casinha ao pé de uma colina, morava uma pobre viúva, com três meninas. Era uma família muito pobrezinha.

Uma manhã, a menina mais velha, que tinha dez anos, olhou no armário e depois disse para a mãe:

— Não há mais nada para comer. Você tem dinheiro?

— Nem uma moedinha — respondeu a mãe. — Amanhã irei lavar roupa em casa de d. Maria e assim ganharei algum dinheiro. Hoje, porém, não tenho nada.

Então, as meninas começaram a chorar. A mãe disse:

— Não tenham medo, crianças. Vocês não ficarão sem comida.

— E quem nos dará comida? — perguntou a caçula.

E eis que, naquele momento, ouviu-se bater à porta.

— Toc... toc... toc...

A mãe correu a abrir a porta e... (agora acabe você a estória).

Propomos alguns finais, à escolha:

1. Entra um senhor rico que, acariciando o queixo da mamãe, diz: "Se você for boazinha comigo, ganhará cinco mil liras".

2. Entra o Comitê da Luta pelas Casas Populares, que propõe à mulher participar da ocupação do Hotel Hilton.

3. Entra o fiscal do imposto de renda. A mulher havia pago trezentas mil liras a mais de imposto e ele vem fazer a restituição.

4. Entra um rico libanês que compra duas das meninas, para levá-las para os mercados do Oriente Médio, a um preço altíssimo, deixando a mãe e a filha restante muito felizes.

5. Entra um autor de livros didáticos para as escolas elementares, que propõe à mulher e às filhas um emprego fixo nas páginas de suas obras. A mulher aceita e a partir daquela data ela se torna a estrela de Mentiras que Parecem Verdades, tecnicolor permanente para as crianças italianas.

NOTAS

1. Nome de um homem que tinha perdido a memória e que era conhecido como o "desmemoriado de Collegno".

2. O significado dessa expressão é: com a boca na botija. É claro que a expressão em italiano ilustra melhor a estória, que se refere justamente a castanhas.

3. Nome de um programa musical muito conhecido da TV italiana.

4. Matriciana é um tipo de molho de tomate típico de Roma.

5. Alusão ao tenente Calley, oficial do exército norte-americano, responsável pela chacina dos habitantes de uma aldeia vietnamita. Preso, julgado e condenado, foi posteriormente liberado.

6. Nome de uma prisão de Roma.

7. "Sgobbone" = uma pessoa que estuda demais. "Gobba" é corcunda, portanto "sgobbone" é quem fica muito tempo curvado sobre os livros, estudando.

8. Movimento de libertação da Itália, durante a Segunda Guerra Mundial, contra os alemães.

9. Movimento de unidade da Itália, que culminou em 1870.

10. Irredentista trentino, condenado à morte pelo governo austríaco, por participar das lutas de irredenção das terras italianas que ainda permaneciam sob o domínio austríaco, depois de 1866.

11. Cidade de fronteira entre a Itália e a Suíça.

12. Os alpinos são uma unidade militar especializada na luta ou guerra nos Alpes ou nas altas montanhas.

13. O título refere-se ao nome da autora do trecho.

14. Os guerrilheiros eram chamados "partigiani".

15. Da época de D'Annunzio.

16. Pequena estátua de Nossa Senhora colocada no alto da catedral de Milão e chamada carinhosamente pelos milaneses de Madonnina.

17. O comendador Agnelli, o todo-poderoso proprietário das indústrias Fiat.

18. Nome de um pequeno partido italiano extremista de esquerda, extraparlamentar.

19. Nome de um outro partido de extrema esquerda.

Elenco de Siglas e Títulos Correspondentes

Sigla	Textos	Editores	Cidade
AV	Anni verdi	Atlas	
BASE	Base di lancio	Signorelli	Milão
BG	Buona Guida	EDI	
BR	Buongiorno ragazzi	Ed. La Scuola	Brescia
BV	Bel viaggio	Ed. La Scuola	Brescia
CAV	Il cavallino	Minerva Italica	Bergamo
CN	Cose nuove	Fabbri	Milão
CQP	Come quando perché	Bemporad Marzocco	Florença
DIA	Diamanti	Minerva Italica	Bergamo
GA	Galileo	Aristea	Milão
GIO	Giocoliere	Signorelli	Milão
LEB	Leggere è bello	Fabbri	Milão
LET	Letture dall'autunno all'estate	Garzanti	Milão
LET AT 2	Di fiore in fiore	Atlas	
LIE	Lieto incontro	Ist. Ed. del Mezzogiorno	
LIF	Lieto fiorire	Italsud	Nápoles
LRE	Le mie letture		
MELO	Melograno	Ed. La Scuola	Brescia
MMP	Il mondo è la mia patria	A.V.E.	Roma
MN	Mondo nuovo	Juvenilia	Bergamo
NL	Nuove lettere per un anno	Garzanti	Milão
NOI 5	Noi ragazzi (quinta elem.)	Signorelli	Milão
NOI NE 5	Noi nell'universo	De Agostini-Vallecchi	Navara-Florença
NP	Noi piccoli	Minerva Italica	Bergamo
NR	Noi ragazzi	Signorelli	Milão
ORE	Ore gaie	Ed. La Scuola	Brescia
PAE	Paese	Ed. Le Stelle	Milão
PELL	Pellicano	A.V.E.	Roma
P FAV	Piccole faville	Raiteri Ed.	Milão
PM	Prime meraviglie	Marietti	Roma
PO	Il ponte d'oro	A.V.E.	Roma
PV	Parole vive	Milano Ed.	Cuneo
QUA	Quadrante	Ist. Ed. del Mezzogiorno	
RIU	Riuscirai	S.E.I.	Turim
RM	Ragazzi nel mondo	Minerva Italica	Bergamo
ROSE	Rose	S.E.C.I.	Milão
RPA	Racconti per un anno	Bemporad Marzocco	Florença
SC AM	Scuola Amica	Minerva Italica	Bergamo
SCIA	Scia d'argento	Minerva Italica	Bergamo
ST INS	Studiamo insieme	Signorelli	Milão
SUSS 5	Leonardo	S.E.C.I.	Milão
TL	Tante letture	Ed. Didattiche Italiane	Milão-Roma
UM	Umanità	A.V.E.	Roma
USI	Usignolo	Ed. Didattiche Italiane	Milão-Roma

Os números indicam a série para qual o livro se destina.

NOVAS BUSCAS EM EDUCAÇÃO
VOLUMES PUBLICADOS

1. *Linguagem Total* — Francisco Gutiérrez.
2. *O Jogo Dramático Infantil* — Peter Slade.
3. *Problemas da Literatura Infantil* — Cecília Meireles.
4. *Diário de um Educastrador* — Jules Celma.
5. *Comunicação Não-Verbal* — Flora Davis.
6. *Mentiras que Parecem Verdades* — Umberto Eco e Marisa Bonazzi.
7. *O Imaginário no Poder* — Jacqueline Held.
8. *Piaget para Principiantes* — Lauro de Oliveira Lima.
9. *Quando Eu Voltar a Ser Criança* — Janusz Korczak.
10. *O Sadismo de Nossa Infância* — Org. Fanny Abramovich.
11. *Gramática da Fantasia* — Gianni Rodari.
12. *Educação Artística* — luxo ou necessidade — Louis Porches.
13. *O Estranho Mundo que se Mostra às Crianças* — Fanny Abramovich.
14. *Os Teledependentes* — M. Alfonso Erausquin, Luiz Matilla e Miguel Vásquez.
15. *Dança, Experiência de Vida* — Maria Fux.
16. *O Mito da Infância Feliz* — Org. Fanny Abramovich.
17. *Reflexões: A Criança — O Brinquedo — A Educação* — Walter Benjamim.
18. *A Construção do Homem Segundo Piaget* — Uma teoria da Educação — Lauro de Oliveira Lima.
19. *A Música e a Criança* — Walter Howard.
20. *Gestaltpedagogia* — Olaf-Axel Burow e Karlheinz Scherpp.
21. *A Deseducação Sexual* — Marcello Bernardi.
22. *Quem Educa Quem?* — Fanny Abramovich.
23. *A Afetividade do Educador* — Max Marchand.
24. *Ritos de Passagem de nossa Infância e Adolescência* — Org. Fanny Abramovich.
25. *A Redenção do Robô* — Herbert R'ad.
26. *O Professor que não Ensina* — Guido de Almeida.
27. *Educação de Adultos em Cuba* — Raúl Ferrer Pérez.

28. *O Direito da Criança ao Respeito* — Dalmo de Abreu Dallari e Janusz Korczak.
29. *O Jogo e a Criança* — Jean Chateau.
30. *Expressão Corporal na Pré-Escola* — Patricia Stokoe e Ruth Harf.
31. *Estudos de Psicopedagogia Musical* — Violeta Hemsy de Gainza.
32. *O Desenvolvimento do Raciocínio na Era da Eletrônica* — Os Efeitos da TV, Computadores e "Videogames" — Patrícia Marks Greenfield.
33. *A Educação pela Dança* — Paulina Ossona.
34. *Educação como Práxis Política* — Francisco Gutiérrez.
35. *A Violência na Escola* — Claire Colombier e outros.
36. *Linguagem do Silêncio* — Expressão Corporal — Claude Pujade-Renand.
37. *O Professor não Duvida! Duvida!* — Fanny Abramovich.
38. *Confinamento Cultural, Infância e Leitura* — Edmir Perrotti.
39. *A Filosofia Vai à Escola* — Matthew Lipman.
40 *De Corpo e Alma* — o discurso da motricidade — João Batista Freire.
41. *A Causa dos Alunos* — Marguerite Gentzbittel.
42. *Confrontos na Sala de Aula* — uma leitura institucional da relação professor-aluno — Julio Groppa Aquino.

IMPRESSO NA
sumago gráfica editorial ltda
rua itauna, 789   vila maria
02111-031   são paulo   sp
telefax 11 **6955 5636**
sumago@terra.com.br